독일 시와 가곡 · 1

프리드리히 G. 클롭슈톡에서 존 H. 맥케이까지의 시가곡

독일 시와 가곡 · 1

프리드리히 G. 클롭슈톡에서 존 H. 맥케이까지의 시가곡

피종호

사곰

머리말

시와 노래는 고대로부터 사회의 공동체 속에서 인간의 풍요로운 삶을 위한 필수적인 예술장르이자 사회적 범주였다. 오르페우스Orpheus 신화에서 보는 것처럼 시가 노래이며, 노래가 시가 되는 예술의 변용은 모든 시인들이 도달하고자 하는 이상적인 가인(歌人)의 경지이다. 언어의 음악화는 시인들의 지고한 과제이기도 하다. 모든 시인들이 작곡되기를 바라고 시를 쓰는 것은 아니지만, 유명한 음악가에 의해 작곡된 시들은 이런 의미에서 선택된 시라고 볼 수 있다. 이 책을 통해 시나 노래가 우리의 삶에 낯선 것이 아니라, 생활 속에 친숙한 것으로 느껴져서 독자들의 삶의 폭을 넓혀나가기를 바란다. 특히 언어 장벽 때문에 가곡의 참 맛을 느낄 수 없었던 독자들에게 이 책이 많은 도움이 되기를 바란다.

이 책은 대학에서 독일 시와 가곡에 관한 새로운 강좌를 개설하면서 수업 교재의 필요성을 느껴 편찬한 것이다. 독문학을 전공하면서 독일 가곡을 많이 들어왔지만, 막상 유명한 음악가에 의해 작곡된 아름다운 독일 시를 우리말로 옮기는 데에서 시적 정감이 잘 전달될는지에 대한 두려움이 앞선다. 여기에 실린 시들은 물론 노래로도 잘 알려졌지만, 문학성도 뛰어난 작품들을 골랐기 때문에, 한편의 시로 감상하여도 그 가치가 충분하다고 여겨진다. 또한 독자들이 독일어 원문과 우리말을 대조할 수 있도록 하였다. 단편적인 시들을 모은 시와 가곡 편은 널리 알려진 가곡들로 신인들의 출생 연도를 기준으로 연대순으로 정리되어 있다. 또한 독자의 이해를 돕기 위해서 괴테J. W. v. Goethe, 실러F. Schiller, 아이헨도르프J. v. Eichendorff, 뫼리케E. Mörike 등 중요한 시인들의 시에 주석을 덧붙였다.

독일 문학사조의 관점에서 볼 때, 이 시와 가곡 편은 감상주의 시대의 대표자인 클롭슈톡F. G. Klopstock에서부터 20세기의 존 헨리 멕케이John Henry Mackay까지 주옥같은 시들이 망라되어 있어서, 200여 년간 독일 시문학이 발전해온 자취를 더듬어보는 재미도 있으리라고 여겨진다.

이 책의 독일 시는 디트리히 피셔-디스카우Dietrich Fischer-Dieskau의 『독일 가곡 텍스트. 핸드북Texte Deutscher Lieder. Ein Handbuch』(München 1984)에서 인용하였다. 그리고 독일 시인들의 생애를 중심으로 한 작품을 해설하는 데는 발터 킬리Walther Killy의 『문학 사전. 독일어 작가와 작품Literatur-Lexikon. Autoren und Werke Deutscher Sprache』(München 1988~1991)을 많이 참조하였다.

차례

1

프리드리히 고트리프 클롭슈톡

Friedrich Gottlieb Klopstock, 1724-1803

—

장미 리본 Das Rosenband

새벽의 묘혈꾼 Die frühen Gräber

프리드리히 고트리프 클롭슈톡

Friedrich Gottlieb Klopstock, 1724-1803

클롭슈톡은 17명의 형제 중 맏이로 태어났다. 그의 아버지는 신학교의 법률 고문이었다. 클롭슈톡은 1736년부터 김나지움을 다녔고, 1739-1745년에는 영주학교를 다니게 된다. 그는 그곳에서 철저하게 인문주의적인 교양을 쌓으면서 성서 해석에 몰두했고, 그리스와 라틴 계통의 시인들과 역사가들에 심취한다. 1745년부터 예나에서 신학과 철학을 공부하며, 이 시기에 조카인 마리아 소피아 슈미트와 사랑에 빠지게 되는데, 그녀가 바로 그의 송가에 나오는 "화니Fanny"이다. 그가 1750년 7월 보드머의 초청을 받아 취리히로 갔을 때, 그는 이미 유명해진 상태였다. 라이프치히에서는 문학적으로 야망에 찬 많은 젊은이들과 친분을 맺게 된다. 1748년 『오성과 위의 즐거움을 위한 새로운 기고문』이라는 잡지에 그의 대표작 『메시아Der Messias』의 첫 세 편이 발표된다.

덴마크의 프리드리히가 서사시 『메시아』를 완성한다는 조건으로 그에게 매년 연금을 지불하겠다는 소식을 듣고 클롭슈톡은 1751년 2월 덴마크로 여행을 떠난다. 순회여행 중에 그는 함부르크에서 상인의 딸인 마가레테 몰러Margarethe Moller를 알게 되어 1754년에 결혼하는데, 그녀는 1758년 사산아를 낳다가 죽는다.

클롭슈톡은 1775년 3월 다시 함부르크로 돌아온다. 돌아오는 도중에 괴팅겐의 시인 그룹 〈숲의 단체Hainbund〉 동료들과 프랑크푸르트에서 괴테를 방문한다. 함부르크에서 클롭슈톡은 친구들 사이에서 정신적 사교적인 중심에 서게 된다. 이 친구들로는 클라우디우스Claudius, 포스Voß, 슈톨베르크

Stolberg를 들 수 있다.

독일문학사에서 클롭슈톡과 『메시아』는 분리할 수 없다. 『메시아』의 첫 세 편이 발표된 후 1750년부터 클롭슈톡은 문학 대중에게 또 종교인들에게 메시아의 가인(歌人)로 불린다. 그러나 1772년에야 비로소 그는 자기 인생의 목표인 『메시아』를 완성한다. 예루살렘으로 진입하여 하늘로 승천하기까지 예수의 고난의 이야기가 펼쳐지는 이 작품은 2만 행에 육박하는 20편의 노래들로 이루어져 있다.

1791년에 클롭슈톡은 죽은 부인의 조카딸이며, 미망인인 헴과 결혼하였다. 1803년 클롭슈톡이 죽어 3월 22일 오텐젠에서 그의 첫 부인 옆에 묻혔을 때 함부르크 시민 수천 명이 그에게 마지막 애도를 표했다.

슈베르트와 슈트라우스에 의해 각각 곡이 붙여진 「장미 리본Das Rosenband」은 독일의 문학사조인 〈감상주의Empfindsamkeit〉를 대표하는 시이다. 이 문학사조에는 횔티, 초기의 괴테, 클라우디우스 등이 속한다. 슈베르트는 또한 「새벽의 묘혈꾼Die frühen Gräber」과 「무한한 자에게Dem Unendlichen」를 작곡했다. 특히 「새벽의 묘혈꾼」에서 클롭슈톡은 5월, 고수머리, 밤 등의 모티프를 사용하면서 감상주의의 비가를 노래한다.

Das Rosenband

Im Frühlingsschatten fand ich sie,
da band ich sie mit Rosenbändern:
sie fühlt es nicht und schlummerte.

Ich sah sie an; mein Leben hing
mit diesem Blick an ihrem Leben:
ich fühlt' es wohl und wußt' es nicht.

Doch lispelt ich ihr sprachlos zu
und rauschte mit den Rosenbändern:
da wachte sie vom Schlummer auf.

Sie sah mich an; ihr Leben hing
mit diesem Blick an meinem Leben:
und um uns ward's Elysium.

—

Franz Schubert, 1815
Richard Strauss, op.36 Nr.1, 1897/98

● 1753년에 쓰인 이 시는 클롭슈톡의 감상주의 초기 송가에 속한다. 이 시는 그가 '메타 Meta'라고 불렀던 자신의 연인 마가레테 몰러와 결혼하기 일 년 전에 지은 노래이다. 어느 날 아침 클롭슈톱은 침상에 누워 그녀에 대한 생각에 잠기게 되면서 그녀와 문학적으로 합일이 되는 과정으로 승화한다. 이런 점에서 시적 자아 '나'는 그 상상의 과정을 '보고'하는 서사적 자아이다. 첫 연은 시적 자아가 나무그늘에서 자고 있는 그녀에게 장미 리본으로 그녀의 사지를 묶는다. '봄날 그늘', '장미 리본'은 클롭슈톡이 만든 신조어이다. 2연과 4연의 첫 두 행은 동일한 문장형식으로서 시적 주체와 객체를 서로 바뀌어놓음으로써 그 내면적 합일을 강조하

장미 리본

봄날 그늘에서 나 그녀를 찾았네,
장미 리본으로 그녀 묶어주었지만,
그녀는 느끼지 못하고 자고 있네.

나 그녀를 바라보았네. 그 눈길로
내 삶은 그녀의 삶에 내맡겨졌네.
난 그렇게 느꼈네, 이유도 모르는 채.

나 말없이 그녀에게 속삭이면서
장미 리본을 쓰다듬고 어루만졌네.
그러자 그녀 잠에서 깨었네.

그녀는 나를 바라보았네. 그 눈길로
그녀의 삶은 내 삶에 내맡겨졌네.
그래서 우리 주위는 낙원이 되었네.

—

프란츠 슈베르트, 1815
리하르트 슈트라우스, op.36 Nr.1, 1897/98

고 있다. 이 시의 제목인 장미 리본은 사랑에 대한 상징적 의미를 지니고 있다. 클롭슈톡이 태어난 시기에 형성된 18세기 초의 문학사조인 '아나크레온틱Anakreontik'에서 사랑, 자연, 우정, 술과 연관된 장미에 대한 '사물시'가 많이 노래되었는데, 이 시는 이와 연관된 상호텍스트성을 지니고 있다. 마지막 행의 엘리시움Elysium은 그리스 신화에서 선한 사람들이 죽은 후에 사는 곳이란 의미를 지닌 이상향이다. 이 시에는 클롭슈톡의 서사시 『메시아Messias』에 보는 것처럼 파토스Pathos는 들어 있지 않다.

Die frühen Gräber

Willkommen, o silberner Mond,
Schöner, stiller Gefährt' der Nacht!
Du entfliehst? Eile nicht, bleib', Gedankenfreund!
Sehet, er bleibt, das Gewölk wallte nur hin.

Des Maies Erwachen ist nur
Schöner noch, wie die Sommernacht,
Wenn ihm Tau, hell wie Licht, aus der Locke träuft,
Und zu dem Hügel herauf rötlich er kömmt.

Ihr Edleren, ach, es bewächst
Eure Male schon ernstes Moos!
O, wie war glücklich ich, als ich noch mit euch
Sahe sich röten den Tag, schimmern die Nacht!

—

Franz Schubert, 1815

● 클롭슈톡이 1764년에 쓴 이 시는 그의 초기 시 중에서 가장 잘 알려진 송가(頌歌)이다. 달의 모티프로 시작하는 이 시는 자연을 노래하는 전형적인 송시이다. 달을 '생각하는 친구'로 묘사하는 이 시는 감상주의의 중요한 주제인 자연 속에서의 '생각Gedanken'을 부각시키고 있다. 자연 속에서 커다란 감정으로 다가오는 불멸의 생각, 문학을 통해 이어지는 삶의 지속성, 우정은 이러한 생각의 대상이다. 3연의 "그대 고귀한 자들"에는 클롭슈톡의 작고한 친구나

새벽의 묘혈꾼

어서 오게나, 오, 은빛의 달이여,
아름답고, 고요한 밤의 동반자여!
그대 달아나는가? 서두르지 말고 머무르게, 생각의 친구여!
보게, 달이 머무르네, 구름이 몰려가고.

5월의 깨어남은
여름밤보다 더 아름다우니,
빛처럼 밝은 이슬이 고수머리에서처럼 방울져 떨어져,
언덕 위로 5월이 빨갛게 물들면.

그대 고귀한 자들이여, 아, 이끼가 마구 자라
그대의 묘비들을 온통 뒤덮으니,
오, 나 얼마나 행복했던가, 내 그대와 함께
낮이 붉게 물들고, 밤이 반짝이는 것을 보았을 때.

—
프란츠 슈베르트, 1815

1758년에 죽은 그의 아내 몰러가 속한다. 1750년 이후 독일은 영국의 감상주의 시인 에드워드 영Edward Young이나 토마스 그레이Thomas Gray의 문학을 번역하면서 그에 대한 영향을 받게 되는데, 「새벽의 묘혈꾼」의 마지막 연은 이러한 점을 보여주고 있다. 이런 점에서 이 시는 18세기 중반 독일에서 죽음을 문학으로 극복하고자 하는 '묘지문학Friedhofspoesie'의 한 유형을 보여주고 있다.

2

크리스티안 펠릭스 바이세

Christian Felix Weiße, 1726-1804

—

마법사 Der Zauberer

입맞춤 Der Kuß

크리스티안 펠릭스 바이세

Christian Felix Weiße, 1726-1804

계몽주의자 바이세는 1745년 라이프치히에서 신학과 철학, 그리고 법학을 공부했다. 대학에서 그는 레싱Lessing, 라베너Rabener, 겔러트Gellert와 친밀한 관계를 맺는다. 대학 졸업 후에는 몇 년간 궁내 의전담당관으로도 일했고, 1759년에는 『미학과 예술 문고Bibliothek der schönen Wissenschaften und der freyen Künste』의 편집 일을 맡게 된다.

바이세는 당대 최고의 작가 레싱과의 선의의 경쟁으로 출판을 시작한다. 그의 작품에는 고대의 전형과 동시대 프랑스, 영국의 서정시, 그리고 글라임Gleim과 하게도른Hagedorn의 서정시를 모범으로 삼은 두 개의 익살스러운 운문 이야기, 격언시, 그리고 서정시 『사소한 것들Kleinigkeiten』 등이 있다. 1758년에는 『해학노래Scherzhafte Lieder』가 출판된다. 로코코풍의 바이세 시들은 명시 전집에 채택될 정도로 동시대인들에게 칭송을 받았다.

바이세의 성공은 '징슈필Singspiel(노래와 연극이 혼합된 독일 오페라 양식)' 분야에서도 마찬가지였다. 1760년 이후 당시 유망했던 작곡가 요한 아담 힐러Johann Adam Hiller와의 공동작업은 문학사와 음악사에 있어서 매우 중요한 일이다. 힐러가 작곡하고 바이세는 대본을 맡은 두 사람의 작업은 독일의 징슈필 발전에 결정적인 기여를 한다.

만년에 바이세는 아동문학으로 눈을 돌린다. 1767년 그는 『어린이용 가곡Kleine Lieder für Kinder』을 출판하는데, 이 작품 속에는 계몽주의 시대의 전형적인 아동문학에서 나타나는 도덕적이고 교훈적인 내용이 담겨 있다. 바이세는 동시대 아동문학에 가장 영향력 있는 인물이었다. 친근감 있는 이야기의 전체 테두리 속에 다양한 문학장르와 연결되는 내용을 담는 바이세의 방식은 다른 작가들에 의해 종종 모방되었다.

Der Zauberer

Ihr Mädchen, flieht Damöten ja!
Als ich zum erstenmal ihn sah,
Da fühlt' ich, so was fühlt' ich nie,
Mir ward, mir ward, ich weiß nicht wie,
Ich seufzte, zitterte, und schien mich doch zu freu'n;
Glaubt mir, er muß ein Zaub'rer sein.

Sah ich ihn an, so ward mir heiß,
Bald ward ich rot, bald ward ich weiß,
Zuletzt nahm er mich bei der Hand;
Wer sagt mir, was ich da empfand?
Ich sah, ich hörte nichts,
Sprach nichts als ja und nein;
Glaubt mir, er muß ein Zaub'rer sein.

Er führte mich in dies Gesträuch,
Ich wollt' ihn flieh'n und folgt' ihm gleich;
Er setzte sich, ich setzte mich;
Er sprach, nur Silben stammelt' ich;
Die Augen starrten ihm, die meinen wurden klein;
Glaubt mir, er muß ein Zaub'rer sein.

마법사

그대 소녀들이여, 다뫼타를 멀리해요!
내가 그를 처음 본 순간,
이전에 없었던 무언가를 느꼈네.
내 그랬지만, 그랬지만, 어떤지는 알지 못하네.
나는 한탄하고, 몸을 떨었지만, 기뻐할 것 같았네.
나를 믿으오, 그는 마법사가 틀림없으니.

내 그를 보았을 때, 흥분하였네.
곧 나 얼굴 붉혔고, 그리고 창백해졌네.
마침내 그가 내 손을 잡았네.
누가 나에게 말하는지, 내가 느낀 것을?
나는 보았지만, 아무것도 듣지 못했네.
나 다만 '예와 아니오'라고만 말했으니.
나를 믿으오, 그는 마법사가 틀림없으니.

그는 나를 덤불 속으로 이끌었네.
나 도망가려 했으나, 따라가고 말았네.
그가 앉고, 나도 앉았네.
그가 말하자, 나는 더듬거렸네.
그는 나를 응시하자, 내 눈은 가늘어졌네.
나를 믿으오, 그가 마법사임에 틀림없으니.

Entbrannt drückt' er mich an sein Herz,
Was fühlt' ich! Welch ein süßer Schmerz!
Ich schluchzt', ich atmete sehr schwer,
Da kam zum Glück die Mutter her;
Was würd', o Götter, sonst nach so viel Zauberei'n,
Aus mir zuletzt geworden sein!

—

Wolfgang Amadeus Mozart, 1785

격한 마음으로 그가 나를 꼭 끌어안았네.
나는 느꼈네. 감미로운 고통을!
나는 흐느끼며, 숨을 쉴 수 없었네.
때마침 어머니가 오셨네.
오, 신이여, 그렇지 않았다면 그 능란한 마법으로
내가 어찌될 뻔 하였겠나이까!

—

볼프강 아마데우스 모차르트, 1785

Der Kuß

Ich war bei Chloen ganz allein,
Und küssen wollt ich sie:
Jedoch sie sprach,
Sie würde schrein,
Es sei vergebne Müh.

Ich wagt es doch und küßte sie,
Trotz ihrer Gegenwehr.
Und schrie sie nicht?
Jawohl, sie schrie,
Doch lange hinterher.

—

Ludwig van Beethoven, op.128, 1822

입맞춤

클로에와 단둘이 앉았을 때
내 그녀에게 입맞추려 했네.
하지만 그녀가 말했지,
소리 지를 테야
쓸데없는 짓 하지 마.

그래도 난 입을 맞추었네
반항을 물리치고.
소리를 질렀냐고?
물론, 그녀는 질렀네,
하지만 한참 뒤에야.

—
루드비히 판 베토벤, 1822

3

크리스티안 슈바르트

Christian Schubart, 1739-1791

—

송어 Die Forelle

크리스티안 슈바르트

Christian Schubart, 1739-1791

아버지가 음악 지휘자였던 슈바르트는 유년시절과 청년시절을 슈바벤 지방에서 보냈다. 1753년 그는 뇌르트링엔에 있는 가톨릭 신학교에 입학한다. 그곳에서 슈바르트는 빌란트Wieland시대까지의 독일문학을 배우게 된다. 이미 오래 전부터 그는 클롭슈톡Klopstock에게 열광했고, 클롭슈톡의 『메시아Der Messias』를 평생 동안 시문학의 절정으로 여겼다. 뇌르트링엔 시절에 이미 그는 피아노 소나타, 푸가풍의 찬송가 및 민요풍 노래를 작곡한다. 1758년 슈바르트는 에어랑엔에서 신학 공부를 시작한다. 1763년 교사 자리를 얻게 된 이듬해에 그는 세무관리의 딸인 헬레나 뷔러와 결혼하였다. 이후 그는 피아노 연주가로서 확실한 명성을 얻게 된다.

시인으로서 슈바르트는 클롭슈톡을 숭배한 나머지 심지어 클롭슈톡의 시들을 1771년에 해적판으로 출판하기도 한다. 슈바르트는 자신의 시를 직접 작곡도 하며, 시를 썼다. 1774년부터 아욱스부르크Augsburg와 울름Ulm에서 편집자로 일하면서 『독일 연대기Deutsche Chronik』라는 주간잡지를 발간하면서 예술뿐 아니라 당시의 정치체제인 절대주의Absolutismus를 비판하는 비평문을 게재한다. 그는 독일 남부 뷔르템베르크 공작 칼 오이겐Karl Eugen의 연인 프란치스카 폰 호헨하임을 모욕한 것뿐 아니라 영국의 식민지전쟁에 용병을 파견한 것을 비난한 것 때문에, 공작의 명령으로 체포되어 1777년부터 10년간 루드비히스부르크Ludwigsburg의 아스페르크Asperg에 있는 호헨아스페르크Hohenasperg 요새감옥에서 수감 생활을 한다. 그 수감 기간 중 그는 자유의 영웅 또는 순교자로 평가받기도 한다. 슈바르트는 수감 기간 중 친구 등 많은 사람들의 탄원으로 1787년 석방된다. 슈바벤의 농민생활을 바탕으로 한 민요풍의 노래와, 아프리카로 팔려가는 병사의 이별노래인 「형제여 굳세어라Auf ihr Brüder und seid stark」와 전제군주를 비판한 「영주의 무덤Fürsten-gruft」과 같은 풍자시 또는 사회 비판적인 시들 몇 편을 제외하면 잘 알려진 것은 없다. 그의 시들은 실러가 『군도』를 쓰는 데 자극을 주게 된다. 그의 시들 가운데 가장 유명한 것이 슈바르트 자신도 직접 작곡한 적이 있지만, 나중에 프란츠 슈베르트의 작곡으로 만인의 노래가 된 「송어Die Forelle」이다.

Die Forelle

In einem Bächlein helle,
Da schoß in froher Eil
Die launische Forelle
Vorüber wie ein Pfeil.
Ich stand an dem Gestade
Und sah in süßer Ruh
Des muntern Fischleins Bade
Im klaren Bächlein zu.

Ein Fischer mit der Rute
Wohl an dem Ufer stand,
Und sah's mit kaltem Blute,
Wie sich das Fischlein wand.
Solang dem Wasser Helle,
So dacht ich, nicht gebricht,
So fängt er die Forelle
Mit seiner Angel nicht.

● 이 시는 슈바르트가 호헨아스페르크Hohenasperg 요새의 감옥에 수감된 지 6년째인 1782년에 쓴 시이다. 이 시는 감옥에서 몰래 밖으로 내보내져서 1783/84년 루드비히스부르크Ludwigsburg에서 발간된 노래집 『문학연감Musen-Almanach』에 처음으로 게재된다. 만약 이 시의 반출이 발각되었더라면 아마도 그는 1787년 석방되지 못하고 평생 감옥살이를 해야만 했을 것으로 추측된다. 감옥에서 그가 쓴 모든 저술물은 밖으로 전달되는 것이 금지되었기 때문이다. 비록 이 시가 감옥에서 쓰였지만 선동적인 시는 아니다. 오히려 슈바르트는 이 시에서 자신을 감금한 뷔르템베르크Württemberg의 공작이나 도덕적 부패의 근원인 절대주의 정치체제를 조롱하지 않고 간접적으로 암시만 하고 있을 뿐이다. 이 시의 주제는 자유에의 동경이다. 3연으로 이루어진 이 시의 주체인 '나'는 관찰자의 시각을 지니고 있다. 첫 연은 수

송어

맑은 시냇물 속에
즐거운 송어가
화살처럼 빠르게
헤엄치며 지나가네.
나는 물가에 서서
넋 잃고 바라보았네
작은 물고기가 맑은 물에서
경쾌하게 노니는 것을.

한 어부가 강가에서
낚시를 드리우고 서서,
냉정한 마음으로 노려보네,
이리저리 움직이는 물고기를.
난 생각했네, 맑은 물이
흐트러지지 않는 한,
저 어부 송어를
낚지 못할 거라고.

감되기 이전의 자신의 자유로운 삶을 회상하면서 노래하고 있다. 2연은 울름Ulm 시절 잡지 기자와 같은 시각에서 비판적으로 현실을 조망하고 있으며, 그리고 마지막 3연은 감옥 속에서 자신의 처지를 '자유로운' 시냇물 속에서 붙잡히는 송어를 주시하는 관찰자에 비유하고 있다. 여기서 낚시꾼인 어부를 '도둑'으로 비유하면서 '맑은 물을 흐트러뜨리는' 사악한 계획을 가진 자로서 비판하고 있다. 이 시는 직접적인 자연을 체험이 아니라 내면화된 자연체험을 낭만주의의 아이러니 기법으로 노래하고 있다. 즉 슈바르트는 이 시에서 자신의 처지와 전혀 상반되는 자유로운 물고기를 바라보는 관찰자의 시각으로 서술하면서 자신의 운명을 냉담하게 노래하고 있다.

Doch endlich ward dem Diebe
Die Zeit zu lang. Er macht
Das Bächlein tückisch trübe,
Und eh ich es gedacht,
So zuckte seine Rute,
Das Fischlein zappelt dran,
Und ich mit regem Blute
Sah die Betrog'ne an.

—

Franz Schubert, op.32, 1817

하지만 마침내 그 도둑은
오래 기다리지 못하고,
심술궂게 물을 흐려버렸네.
그리고 나의 예상보다 빨리
낚싯대가 꿈틀거렸네,
낚시에 걸린 물고기 버둥거리고
나는 끓는 마음으로
속은 저 물고기를 바라보네.

—
프란츠 슈베르트, op.32, 1817

4

요한 게오르크 야코비

Johann Georg Jacobi, 1740-1814

—

클로에에게 An Chloe

만령절(萬靈節)의 연도문 Litanei auf das Fest Allerseelen

요한 게오르크 야코비

Johann Georg Jacobi, 1740-1814

신앙이 두터운 가정에서 태어난 야코비의 아버지는 상업고문관이었다. 야코비는 뒤셀도르프에서 세련된 교육을 받고 자라 일찍부터 프랑스어와 문학에 친숙했다. 1758년 그는 괴팅겐에서 신학공부를 시작한다. 1762년 야코비는 클로츠Ch. A. Klotz를 만나 그의 영향으로 고대어와 언어를 공부하게 된다. 야코비는 클로츠를 따라 할레로 가서 1766년에 철학과 웅변술 교수직을 얻는데, 이 해 여름 빌란트 Wieland와 글라임 Gleim과도 사귀게 된다. 1774년 괴테가 뒤셀도르프를 방문했을 때 괴테는 야코비에게 함께 잡지를 만들자고 제안한다. 그리고 3년 후 야코비는 바이마르의 괴테를 방문하는데, 그곳 대학에서 자리를 잡아 정착하려는 계획은 실패하고, 1784년 합스부르크의 프라이부르크 대학에서 미학과 교수로 임명된다. 1791년 그는 뮐러M. U. Müller와 결혼한다.

야코비는 1760년대 이후 뛰어난 시인으로 평가된다. 그는 클로츠와의 친교 덕분으로 고대 문학과 예술에 대한 지식을 쌓았고 타소에 대한 박사학위 논문도 썼다. 그의 시는 「클로에에게」와 같은 사랑시에서 알 수 있듯이 민요적 음조를 자연스레 표현하고 있다. 「한밤에In der Mitternacht」, 「소녀를 위한 자장가Wiegenlied für ein Mädchen」, 「결혼축가Hochzeitlied」, 「뱃사공의 노래Schifferlied」, 「저녁에Abends」 같은 서정적인 시들뿐 아니라, 「만령절의 연도문Litanei auf das Fest Allerseelen」, 「신뢰Vertrauen」, 「묘지의 보리수Die Linde auf dem Kirchhofe」 같이 종교적인 주제를 가진 시들 역시 가요적이고 음악적인 특징 때문에 대중의 많은 사랑을 받았다. 그는 편지시와 칸타타 외에도 많은 아리아, 경조시를 남겼다.

An Chloe

Wenn die Lieb aus deinen blauen,
Hellen, offnen Augen sieht,
Und vor Lust hineinzuschauen
Mir's im Herzen klopft und glüht;
Und ich halte dich und küsse
Deine Rosenwangen warm,
Liebes Mädchen, und ich schließe
Zitternd dich in meinen Arm!

Mädchen, Mädchen, und ich drücke
Dich an meinen Busen fest,
Der im letzten Augenblicke
Sterbend nur dich von sich läßt;
Den berauschten Blick umschattet
Eine düstre Wolke mir,
Und ich sitze dann ermattet,
Aber selig neben dir.

—

Wolfgang Amadeus Mozart, KV524, 1787

클로에에게

푸르고 맑고 순진한 네 눈이
사랑스레 바라보면,
들여다보고파 견디지 못해,
내 가슴 두근거리고 불타오르구나.
나는 너를 안고 너의 장미빛 볼에
따스하게 입맞추겠네.
사랑스러운 소녀여, 나는 너를
떨리는 두 팔에 품으리라!

소녀여, 소녀여, 나는 너를
내 가슴에 꼭 끌어안으리라.
이 가슴은 마지막 순간에
다만 죽음으로 너를 떠나겠네.
그때는 어두운 구름이
기쁨에 취한 내 시선을 가리겠지.
나 지쳐 앉아 있지만
네 곁에 있으니 행복해.

—

볼프강 아마데우스 모차르트, KV524, 1787

Litanei auf das Fest Allerseelen

Ruh'n in Frieden alle Seelen,
Die vollbracht ein banges Quälen,
Die vollendet süßen Traum,
Lebenssatt, geboren kaum,
Aus der Welt hinüber schieden:
Alle Seelen ruh'n in Frieden!

Und die nie der Sonne lachten,
Unterm Mond auf Dornen wachten,
Gott, im reinen Himmelslicht,
Einst zu seh'n von Angesicht:
Alle, die von hinnen schieden,
Alle Seelen ruh'n in Frieden!

Auch die keinen Frieden kannten,
Aber Mut und Stärke sandten
Über leichenvolles Feld
In die halbentschlaf'ne Welt:
Alle, die von hinnen schieden,
Alle Seelen ruh'n in Frieden!

—

Franz Schubert, 1816

만령절(萬靈節)의 연도문

평화로이 쉬어라, 모든 영혼,
두려운 고통 다 겪고,
달콤한 꿈도 끝난 영혼들,
삶에 지쳐, 태어남이 없이,
이 세상에서 떠나간 사람들,
모든 영혼은 평화로이 쉬어라!

태양을 향해 웃지 못하고, 달이 뜨면
가시 위에서 잠 못 이루었던 사람들,
언젠가 순수한 천국 빛 속에서
하나님을 대면하게 되리.
이 땅에서 떠나간 모든 이들,
모든 영혼은 평화로이 쉬어라!

평화를 알지 못했으나
용기와 힘을 보내준 사람들도,
시체로 가득한 들판을 지나서
죽은 것과 다름없는 이 세상에.
이 땅에서 떠나간 모든 이들,
모든 영혼은 평화로이 쉬어라!

—
프란츠 슈베르트, 1816

5

마티아스 클라우디우스

Matthias Claudius, 1740-1815

—

저녁노래 Abendlied

죽음과 소녀 Der Tod und das Mädchen

마티아스 클라우디우스

Matthias Claudius, 1740-1815

클라우디우스는 당시 덴마크 영이었던 홀슈타인 지방의 오랜 목사 집안에서 태어났다. 그는 예나 대학에서 신학과 법학, 철학, 경제학을 공부하였고, 또 최초의 문학적 모범이었던 하인리히 빌헬름 폰 게르스텐베르크H. W. v. Gerstenberg와도 만난다.

1768년 부모로부터 독립하여 함부르크에 온 클라우디우스는 무역 경제지의 편집인이 되고, 이 신문에 자신의 짤막한 글들을 싣기도 한다. 또 클롭슈톡과 함부르크에서 알게 된 레싱Lessing, 헤르더Herder가 그의 새로운 문학적 거울이 된다. 1770년 그는 『반츠베크 통신Wandsbecker Bothe』의 편집 일을 위해 함부르크 근처에 있던 작은 마을 반츠베크로 이주하며, 그 후에 편집장의 딸 레베카 벤과 결혼한다. 그러나 신문이 독자의 부족으로 폐간 되자 그는 생계의 위기에 처하게 된다. 아이들 양육비조차 없었던 그는 이제 신에 대한 믿음과 후원자들의 도움을 기대하면서 자유기고가로서 문필가의 삶을 시작한다.

클라우디우스는 괴테와 쉴러가 야기했던 논쟁에도 관여했고 나이가 들어서는 프리드리히 슐레겔, 필립 오토 룽에, 요한 프리드리히 오버벡 등 낭만주의 문학, 예술, 저널리즘의 대표들과도 조우했다. 1813년 전쟁의 와중에서 홀슈타인, 킬, 뤼벡 등으로 쫓겨 다니던 클라우디우스는 1814년 다시 반츠베크로 돌아오지만, 늙고 지친 그는 곧 함부르크에 있는 사위의 집에서 사망한다.

클라우디우스의 작품은 산문과 시의 여러 장르에서 매우 다양하다. 계몽주의자 답게 학문적인 주석 달기를 즐겼지만 그의 글에서 보다 중요한 것은 실제적인 윤리학보다는 그것과 접목된 문학이었다. 인간의 현세적 삶과 긍정적인 기독교를 강조한 그의 문학에는 성별, 민족, 종교를 초월한 관용이 기초를 이루고 있다. 이러한 개방성으로 인해 그의 문학에서는 일상 언어의 자유로움과 육체적인 것, 친근한 것, 어린이 등의 모티프가 두드러진다. 『반츠베크 통신』에 실린 작품으로 널리 알려진 「저녁 노래Abendlied」, 「전쟁 노래Kriegslied」, 「인간Der Mensch」, 「달빛에 부르는 자장가Wiegenlied bei Mondschein zu singen」, 「크리스티아네Christiane」, 「죽음과 소녀Der Tod und das Mädchen」 등의 시가 이 점을 잘 보여준다. 아르님, 브렌타노, 아이헨도르프와 같은 낭만주의자들이 그를 높게 평가했고, 철학자 쇼펜하우어도 그의 영향을 많이 받았다.

Abendlied

Der Mond ist aufgegangen,
die goldnen Sternlein prangen
am Himmel hell und klar;
der Wald steht schwarz und schweiget,
und aus den Wiesen steiget
der weiße Nebel wunderbar.

Wie ist die Welt so stille
und in der Dämmrung Hülle
so traulich und so hold
als eine stille Kammer,
wo ihr des Tages Jammer
verschlafen und vergessen sollt

Seht ihr den Mond dort stehen?
Er ist nur halb zu sehen
und ist doch rund und schön!
So sind wohl manche Sachen,
die wir getrost belachen,
weil unsre Augen sie nicht sehn.

● 1779년에 쓰인 이 시는 독일 시 중에서 가장 잘 알려진 시의 하나로서 독일의 내면성Innerlichkeit을 잘 표현하고 있다. 이 시는 '밤의 축제Nachtfeier'라는 고대 신화적 의미를 지니면서도 일상성 속에서 인류를 '타인'이 아니라 '이웃'으로 묘사하고 있는 클라우디우스의 기독교적 인도주의 정신을 잘 보여준다. "땅거미에 둘러싸인", "조용한 방", "낮의 고난을 잊어야 하리" 등과 같은 2연의 표현에서 볼 수 있듯이 '저녁'은 보호의 세계이다. 이 시는 낭만주의의 전형적인 달의 모티프를 통해 밤을 노래하는 것으로 시작하지만 4연부터는 '가련한 죄인'과

저녁 노래

달이 떠올랐네,
황금빛 작은 별들 하늘에
밝고 맑게 찬란히 빛나네.
검은 숲은 소리 없이.
풀밭에선 흰 안개
놀랍게 피어오르네.

이 세상 이렇게 조용하고
땅거미에 둘러 싸여
조용한 방처럼
아늑하고 사랑스러우니
그곳에서 그대들 낮의 고난을
잠으로 잊어야 하리.

그대들 거기 달을 보는가?
그 달 보이는 것은 반쪽뿐이나
그래도 둥글고 아름답구나!
우리가 위로 받으며 웃는
많은 일도 그러하지,
우리가 눈으로 보지 못하므로.

같은 기독교적 모티프로 전환하고 있다. 그리고 죽음에 대한 자의식은 예기치 못한 것을 보호해달라는 기도로 이어진다. 특히 이 시의 마지막 연의 '병든 이웃'을 위한 기도는 인류애를 보여주고 있다. 이러한 문학적 주제는 함부르크의 성자 욥 정신병원을 방문한 클라우디우스의 보고서형식의 산문 「성자 욥 병원 방문Der Besuch in St. Hiob zu」에서도 잘 나타난다. 『반츠베크 통신』에 들어있는 이 글에서도 역시 고통, 죽음, 헛됨이 주제로 부각되고 있다.

Wir stolze Menschenkinder
sind eitel arme Sünder
und wissen gar nicht viel;
wir spinnen Luftgespinste
und suchen viele Künste
und kommen weiter von dem Ziel.

Gott, laß dein Heil uns schauen,
auf nichts Vergängliches bauen,
nicht Eitelkeit uns freun,
laß uns einfältig werden
und vor dir hier auf Erden
wie Kinder fromm und fröhlich sein.

Wollst endlich sonder Grämen
aus dieser Welt uns nehmen
durch einen sanften Tod,
und wenn du uns genommen,
laß uns in Himmel kommen,
du, unser Herr und unser Gott!

So legt euch denn, ihr Brüder,
in Gottes Namen nieder!
Kalt ist der Abendhauch.
Verschon uns, Gott, mit Strafen
und laß uns ruhig schlafen
und unsern kranken Nachbar auch!

—

Johann Friedrich Reichardt, ED, 1779-81 | Franz Schubert, 1816
Othmar Schoeck, op.52 Nr.2f, Ed, 1937

자만한 우리 인간들은
헛되고 가련한 죄인이니.
우리 알지 못하네,
허공에서 실을 잣고 있음을.
아주 간교하게 굴고 있으나
뜻하는 바와는 너무나 머네.

주여, 당신의 구원을 우리에게 보이소서,
그 구원을 헛된 것에 쌓이지 않게 하시고,
허망한 것에 즐거워하지 않게 하소서.
우리를 순박하게 하시고,
여기 이 세상 당신 앞에서
아이처럼 경건하고 즐거워하게 하소서.

마침내 비탄 없이 우리를
편안한 죽음으로
이 세상에서 데려가시려면,
당신이 우리를 받으셨다면
우리를 천국으로 올리소서,
당신, 우리 주여, 하나님이시여!

그렇게 그대 형제들아,
하나님의 이름에 거하여라!
저녁 기운이 차갑구나.
우리를 벌하지 마소서, 하나님,
우리를 조용히 잠들게 하소서,
우리의 병든 이웃들도!

—

요한 프리드리히 라이하르트, ED, 1779–81 | 프란츠 슈베르트, 1816
오트마르 쇼엑, op.52 Nr. 2f, Ed, 1937

Der Tod und das Mädchen

Das Mädchen: Vorüber, ach, vorüber!
Geh, wilder Knochenmann!
Ich bin noch jung, geh, Lieber!
Und rühre mich nicht an.

Der Tod: Gib deine Hand, du schön und zart Gebild!
Bin Freund und komme nicht zu strafen.
Sei guten Muts! Ich bin nicht wild,
Sollst sanft in meinen Armen schlafen!

—

Franz Schubert, op.7 Nr.3, 1817

● '죽음과 소녀'의 모티프는 유럽의 중세시대와 17세기 초 근대시대Neuzeit의 예술이후 자주 사용된 토포스Topos 중 하나이다. 이 토포스는 처음에는 조형예술과 회화에서 '죽음의 무도Totentanz'의 한 에피소드로 나타나다가 점차 문학 등 다른 예술형식으로 확장된다. 중세 후기의 '죽음의 문학Sterbeliteratur', 죽음을 기독교적으로 준비시키는 '죽음의 예술ars moriendi', 17세기 초 바로크 문학에서 주도적으로 사용된 모티프인 '죽음을 생각하라memento mori' 등이 그러한 예이다. 클라우디우스도 그 당시 예술과 회화에서 널리 사용된 이 모티프를 원용하고 있다. 2연으로 되어있는 이 짧은 시는 관능적인 음조 속에서 소녀의 다급한 외침

죽음과 소녀

소녀: 가세요, 아, 지나가세요!
무서운 죽음의 사신이여!
난 아직 젊으니, 가세요, 제발!
나를 만지지 말아요.

죽음: 네 손을 다오, 아름답고 사랑스러운 소녀여!
나는 친구이지, 벌하러 온 게 아니야.
안심하라! 난 거칠지 않으니,
내 품에 안겨 평안히 잠들게 되리!

—
프란츠 슈베르트, op.7 Nr.3, 1817

과 죽음의 부드러운 대조를 이루고 있다. 이러한 대조는 첫째 연의 짧은 문장과 장모음이 많이 들어가서 말의 속도가 조금 느려진 둘째 연의 조금 긴 문장에서도 나타나고 있다. 이 시는 죽음을 위로자 또는 연인으로 묘사하면서, 고통과 두려움에 떨고 있는 소녀에게 다가가서 평안한 잠으로 인도하겠다고 제의하고 있다. 이러한 문학적 이미지는 클라우디우스 문학에서 주도적으로 나타나는 죽음의 모티프를 잘 보여주고 있다. 슈베르트도 이러한 토포스를 음악에서 사용하고 있다.

6 루드비히 크리스토프 하인리히 횔티

Ludwig Christoph Heinrich Hölty, 1748-1776

—

루드비히 크리스토프 하인리히 횔티

Ludwig Christoph Heinrich Hölty, 1748-1776

횔티는 니더작센의 목사 아들로 태어나 1769년 괴팅겐 대학에 신학을 공부했다. 독서광이던 그는 철학과 역사에 심취했고, 언어와 시문학에도 전념하여 일찍부터 시인으로서 두각을 나타낸다.

횔티는 부모가 있는 마리엔제로 돌아와 번역과 어학선생을 하며 생계를 꾸려나갔다. 1775년에 결핵을 앓은 후로 횔티는 좁은 고향땅을 떠난 적이 없다. 단지 번역물을 주기 위해 출판업자 바이간트를 만나러 라이프치히로 떠난 짧은 여행과 1775년 여름 반트벡크로 포스Voß를 방문한 적이 있을 뿐이다. 이때 클라우디스Claudius와 클롭슈톡Klopstock과도 해후했다. 횔티는 27세에 요절한다.

그 양은 많지 않지만 횔티의 작품에서는 형식의 다양성이 두드러지며 언어적 기교도 완벽성을 보인다. 폭넓은 독서를 통해 자극을 받은 그는 가능한 모든 시 장르를 시험하였는데, 초기에는 아나크레온 풍을 내비치며, 고전적이고 신화적 소재와 민중설화를 다룬 시들에서는 패러디적 요소가 뛰어나다.

횔티가 남긴 서정시에서의 업적은 비가나 전원시와 같은 고대 형식을 사용하여 클롭슈톡의 감성 언어를 계속 발전시킨 점이다. 횔티는 클롭슈톡의 고상한 음조를 단순한 가곡의 형식으로 변조함으로써 자신의 확고한 서정 양식을 획득하였다. 횔티는 전원시에서 달콤하고 멜랑콜리한 도취의 경향을 표현하는데, 가장 성공적인 시는 「시골생활Landleben」, 「오월 밤Die Maynacht」, 「오월의 노래Maylied」 등이다. 봄기운이 완연한 자연은 충족되지 않은 사랑의 열망을 표현하기 위한 시적 배경이 되며, 또 자기의 경험이나 문학적인 회상에서 우러나오는 죽음의 예감과 성찰을 표현하기 위한 배경이 되기도 한다.

횔티의 시들에서는 종종 시인 자신의 요절이 암시되기도 하는데 이 점은 횔덜린, 노발리스, 뫼리케, 보브로브스키 등의 시인들에게 깊은 인상을 남겼다. 무엇보다도 횔덜린의 경우 횔티와 언어적으로 많은 유사점이 있다. 횔티의 시들은 19세기 말엽까지 폭넓은 독자층에게 애호되었는데 이들 가운데 많은 것들이 생의 마지막 해에 만들어진 것이다.

An den Mond

Geuß', lieber Mond, geuß deine Silberflimmer
Durch dieses Buchengrün,
Wo Phantasien und Traumgestalten
Immer vor mir vorüberfliehn!

Enthülle dich, daß ich Stätte finde,
Wo oft mein Mädchen saß,
Und oft, im Weh'n des Buchbaums und der Linde,
Der goldenen Stadt vergaß.

Enthülle dich, daß ich des Strauchs mich freue,
Der Kühlung ihr gerauscht,
Und einen Kranz auf jeden Anger streue,
Wo sie den Bach belauscht.

Dann, lieber Mond, dann nimm den Schleier wieder,
Und traur' um deinen Freund,
Und weine durch den Wolkenflor hernieder,
Wie dein Verlass'ner weint!

—

Franz Schubert, 1815

달에게

사랑스러운 달아, 너의 은빛 광채를
푸른 너도밤나무 사이로 비추어라,
환상과 꿈의 형상들이 언제나
내 앞을 스쳐 지나는 곳을!

모습을 드러내라, 내 소녀가
종종 앉았던 그 자리 볼 수 있도록,
너도밤나무와 보리수의 바람 속에서
이따금 황금빛 도시를 잊도록.

모습을 드러내라, 그녀에게 속삭이며
시원하게 했던 수풀을 나 기뻐하도록,
그녀가 냇물 소리 귀기울이던
풀밭마다 화환을 뿌려 놓게.

그리고 사랑스러운 달아, 다시 얼굴 가리고,
너의 친구를 위해 슬퍼해 다오,
구름의 베일을 통해 눈물을 흘려다오,
버림받은 네 친구가 울 때!

—

프란츠 슈베르트, 1815

An die Nachtigall

Geuß nicht so laut der liebentflammten Lieder
Tonreichen Schall
Vom Blütenast des Apfelbaums hernieder,
O Nachtigall!

Du tönest mir mit deiner süßen Kehle
Die Liebe wach;
Denn schon durchbebt die Tiefen meiner Seele
Dein schmelzend "Ach".

Dann flieht der Schlaf von neuem dieses Lager,
Ich starre dann
Mit nassem Blick und totenbleich und hager
Den Himmel an.

Fleuch, Nachtigall, in grüne Finsternisse,
Ins Haingesträuch,
Und spend im Nest der treuen Gattin Küsse,
Entfleuch, Entfleuch!

—

Franz Schubert, op.172 Nr.3, 1815 | Johannes Brahms, op.46 Nr.4, 1864

나이팅게일에게

그렇게 크게 부르지 말아다오,
사랑으로 타오르는 노래를.
꽃이 만발한 사과나무 가지 위에서,
오 나이팅게일!

달콤한 목소리로 부르는 네 노래가
나에게 사랑을 일깨우네.
내 마음 깊이 이미 떨고 있기에,
녹아드는 너의 탄식에.

잠은 다시 사라지고 말았으니,
나는 젖은 눈길로
창백하고 초췌한 하늘만
하염없이 바라보네.

가거라, 나이팅게일아, 푸른 어둠으로,
저 숲 속으로.
둥지에서 사랑스러운 짝에게 키스해주렴.
가거라, 날아가거라!

—

프란츠 슈베르트, op.172 Nr.3, 1815 | 요하네스 브람스, op.46 Nr.4, 1864

Die Mainacht

Wann der silberne Mond durch die Gesträuche blinkt,
Und sein schlummerndes Licht über den Rasen streut,
Und die Nachtigall flötet,
Wandl' ich traurig von Busch zu Busch.

Selig preis ich dich dann, flötende Nachtigall,
Weil dein Weibchen mit dir wohnet in einem Nest,
Ihrem singenden Gatten
Tausend trauliche Küsse gibt.

Überhüllet von Laub, girret ein Taubenpaar
Sein Entzücken mir vor; aber ich wende mich,
Suche dunklere Gesträche,
Und die einsame Träne rinnt.

Wann, o lächelndes Bild, welches wie Morgenrot
Durch die Seele mir strahlt, find' ich auf Erden dich?
Und die einsame Träne
Bebt mir heißer dir Wang' herab.

—

Franz Schubert, 1894
Johannes Brahms, op.43 Nr.2, 1866

● 1775년에 쓰인 이 시는 독일문학사에서 계몽주의 다음으로 이어지는 '슈트룸 운트 드랑 Strum und Drang' 시기에 쓰인 자연시Naturgedicht이다. 이 때문에 이 시에서는 오성보다는 자연 속에서 느껴지는 '감정'을 더욱 부각시키고 있다. 이 시의 주제는 사랑에 대한 동경이다. 1연의 마지막 행에서 이미 분명하게 노래하고 있듯이, 시적 자아는 '슬픔에 젖어' 밤에 숲 속을 걷고 있다. 이러한 밤과 산책의 모티프는 멜랑콜리 문학에서 많이 나타난다. 2연과 3연에

오월의 밤

은빛 달이 수풀 사이로 반짝이면서
포근한 빛을 풀밭 위로 뿌리고
밤 꾀꼬리가 노래할 때,
나는 슬픔에 젖어 덤불을 따라 걷노라.

너의 행복을 찬양하노라, 노래하는 밤 꾀꼬리여,
네 애인과 한 둥지에 살면서,
노래하는 짝에게
수없이 정답게 입맞춤하기에.

잎새에 숨은 비둘기 한 쌍이 행복에 겨워
내 앞에서 울어대나, 나 돌아서서
더 어둡고 가려진 곳을 찾아,
고독한 눈물 흘리네.

이 세상에서 언제나 그대를 찾게 될까?
오 아침놀처럼 내 마음속에서 밝게 미소 짓는 그대를,
고독한 눈물은
더 뜨겁게 뺨을 타고 흐르네.

—
프란츠 슈베르트, 1894
요하네스 브람스, op.43 Nr.2, 1866

서는 이전에 '같이 걷던' 연인에 대한 사랑을 밤 꾀꼬리와 비둘기에 비유하면서 그에 대한 그리움을 회상하면서 노래하고 있다. 그리고 마지막 연에서는 낭만주의의 아이러니의 기법으로 '아침놀'의 비유를 통해 슬픔을 문학적으로 극복하고 있다. 이 시는 달과 밤 꾀꼬리와 같이 의인화와 자연의 은유를 사용하면서 그 이미지를 통해 마치 독자에게 시적 자아의 감정을 전달하고 있다.

Klage (An den Mond)

Dein Silber schien
Durch Eichengrün,
Das Kühlung gab,
Auf mich herab,
O Mond, und lachte Ruh'
Mir frohem Knaben zu.

Wenn jetzt dein Licht
Durch's Fenster bricht,
Lacht's keine Ruh'
Mir Jüngling zu,
Sieht's meine Wange blaß,
Mein Auge tränennaß.

Bald, lieber Freund,
Ach bald bescheint
Dein Silberschein
Den Leichenstein,
Der meine Asche birgt,
Des Jünglings Asche birgt!

—

Franz Schubert, 1850

탄식 (달에게)

너의 은색 빛이
내게 비쳤네,
시원한 그늘 드리우는
푸른 떡갈나무 사이로.
오 달아, 미소로 안식 주었지
즐거워하는 아이인 나에게.

지금도 너의 빛은
창을 통해 들어오는데,
청년이 된 나에게는
미소도 안식도 주지 않고,
창백한 내 뺨을 보고만 있구나,
눈물로 젖은 내 눈을.

다정한 친구여, 머지않아
너의 은색 빛은, 아
머지않아서 묘비를
비추게 되리.
나의 재를 담은
청년의 재를 담은 묘비를!

—

프란츠 슈베르트, 1850

Minnelied

Holder klingt der Vogelsang,
Wenn die Engelreine,
Du mein Jünglingsherz bezwang,
Wandelt durch die Haine.

Röter blühet Tal und Au,
Grüner wird der Rasen,
Wo die Finger meiner Frau
Maienblumen lasen.

Ohne sie ist alles tot,
Welk sind Blüt und Kräuter;
Und kein Frühlingsabendrot
Dünkt mir schön und heiter.

Traute, minnigliche Frau,
Wollest nimmer fliehen,
Daß mein Herz gleich dieser Au
Mög in Wonne blühen.

—

Franz Schubert, 1816
Felix Mendelssohn-Bartholdy, op.8 Nr.1, 1825-28 | Johannes Brahms, op.71 Nr.5, 1877

사랑 노래

새의 노래 더 곱게 울리지,
천사처럼 순결한 그대가
젊은 이 내 가슴을 설레게 하며
숲 속을 거닐 때면.

계곡과 들은 더 붉게 피어나고
풀밭은 더 푸른빛이 되지,
내 여인의 손가락이
오월 꽃들을 만질 때면.

그녀 없으면 모두가 죽었으니
꽃도 풀도 시들고,
봄날 저녁노을 빛도
아름답고 기쁘지 않네.

귀하고 사랑스러운 여인아,
떠나려 하지 마오,
내 마음도 이 풀밭같이
기쁨으로 꽃 피우도록.

—

프란츠 슈베르트, 1816
펠릭스 멘델스존-바르톨디, op.8 Nr.1, 1825-28 | 요하네스 브람스, op.71 Nr.5, 1877

7

요한 볼프강 폰 괴테

Johann Wolfgang von Goethe, 1749-1832

—

꽃무늬 리본으로 Mit einem gemalten Band

오월의 노래 Mailied

프로메테우스 Prometheus

가뉘메트 Ganymed

들장미 Heidenröslein

제비꽃 Das Veilchen

툴레의 임금 Der König in Thule

새로운 사랑, 새로운 삶 Neue Liebe, neues Leben

비애의 기쁨 Wonne der Wehmut

호수 위에서 Auf dem See

쉼 없는 사랑 Rastlose Liebe

달에게 An den Mond

어부 Der Fischer

마왕 Erlkönig

아나크레온의 무덤 Anakreons Grab

가까이 있는 연인 Nähe des Geliebten

잃어버린 첫사랑 Erster Verlust

바다의 고요 Meeres Stille

뮤즈의 아들 Der Musensohn

목동의 비가 Schäfers Klagelied

동경 Sehnsucht

메피스토의 벼룩노래 Flohlied des Mephisto

물레 앞의 그레트헨 Gretchen am Spinnrade

사랑에 빠진 이의 여러 모습 Liebhaber in allen Gestalten

비밀 Geheimes

나그네의 밤 노래 (1) Wanderers Nachtlied Ⅰ

나그네의 밤 노래 (2) Wanderers Nachtlied Ⅱ

그 나라를 아시나요 Kennst du das Land

말하라 하지 마세요 Heiß' mich nicht reden

이 모습 이대로 두오 So laßt mich scheinen

그리움을 아는 사람만이 Nur wer die Sehnsucht kennt

요한 볼프강 폰 괴테

Johann Wolfgang von Goethe, 1749-1832

괴테는 마인 강변에 있는 프랑크푸르트에서 황실 고문관의 아들로 태어났다. 1765년 라이프치히 대학에서 법학을 공부하면서, 겔레르트Gellert의 문학강의를 듣게 된다. 1770년 슈트라스부르크 대학에서 학업을 계속하면서, 1771년 변호사 자격을 취득한다. 이곳에서 헤르더J. G. Herder를 만나면서부터, 그에게서 세익스피어에 관해 듣게 된다. 1775년부터는 칼 아우구스트 공의 손님으로 바이마르에 머문다. 1791년 황실극장을 맡고 있다가 1815년에 재상에 임명된다.

고전주의 문학을 대변하는 괴테의 시대는 질풍과 노도Sturm und Drang 시기인 거인적이며, 서정적인 청년시대, 고전의 교양을 쌓은 활동적인 장년시대, 그리고 종교, 사회, 문화예술 영역에서 19세기의 체험범위를 훨씬 초월한 새로운 인식을 보여주는 노년시대로 나눌 수 있다.

괴테의 작품은 고전주의 시대부터 현대에 이르기까지 많은 음악가에게 작곡의 충동을 주고 있다. 『에그몬트Egmont』, 『파우스트Faust』와 같은 드라마 작품뿐 아니라, 『젊은 베르테르의 슬픔Die Leiden des jungen Werther』과 『빌헬름 마이스트의 수업시대Wilhelm Meisters Lehrjahre』 같은 소설 작품은 동시대의 무대음악과 오페라에 자극을 주었다. 그러나 오페라만이 아니라, 가곡Lied 작곡에 많은 영향을 끼친 것은 그의 시이다. 괴테의 시에 대한 작곡이 독일 가곡사에 있어서 중요한 부분을 차지하며 또한 음악장르로서 가곡의 절정기를 이루게 했다는 점에서, 그의 시 작곡사는 독일 가곡사를 대변할 수 있을 정도이다.

라이프치히 시절에 쓴 괴테 시는 벌써 친구인 브라이트코프B. T. Breitkopf에 의해 작곡된다. 라이프치히의 오페라 작곡가인 힐러J. A. Hiller의 제자인 그는 『새로운 가곡Neue Lieder』이라는 제목으로 괴테 가곡집을 출간한다. 이 가곡은 프랑스 코믹 오페라에 영향을 받은 힐러의 오페레타 양식으로 꾸며진 작은 아리아들이다.

그러나 이러한 오페라 풍 가곡은 괴테 시대 가곡의 본질적인 특성을 나타내지는 않는다. 그 당시 최초의 가곡 학교인 베를린 가곡 학교는 가곡의 소박한 멜로디를 요구했다. 헤르더의 영향을 받아 쓴 민요풍의 괴테의 시를 라이하르트J. F. Reichardt가 작곡한 「들장미Heidenröslein」는 이러한 요구에 부응하는 경향을 보여주는 한 예이다. 고대의 인물을 설정하는 아나크레온풍의 시를 포기한 것은 가곡에서 오페라의 장식음을 포기한 것과 상응한다고 볼 수 있다.

베를린 가곡 학교를 통해 괴테 수용이 집중적으로 이루어진 것은 요제프 하이든과 볼프강 아마데우스 모차르트와 같은 동시대의 비엔나 고전주의의 대표자들에 의해 이 시인의 수용이 완전히 이루어지지 않았다는 데 있다. 모차르트가 괴테의 시가곡 「제비꽃Das Veilchen」을 오페라 장면처럼 작곡한 것은 개별적이고 우연한 예라고 할 수 있다.

괴테 시를 작곡하는 데 있어서 베토벤의 중요성은 그가 20여 편 이상을 작곡했다는 점 이외에도 가곡 시인으로서 괴테의 특징을 부각시켰다는 점이다. 베토벤의 가곡들은 한편으로는 「오월의 노래Mailied」처럼 변형된 시 가곡의 유형이고, 다른 한편으로는 「기쁨 가득 고통 가득Freudvoll und leidvoll」에서처럼 오케스트라를 동반한 오페레타 유형이다.

슈베르트가 작곡한 「물레 앞의 그레트헨Gretchen am Spinnrade」은 낭만주의의 피아노 가곡을 완성한 것으로 여겨진다. 이 작곡의 새로움은 절(節)의 변형이 아니라, 낭독조(朗讀調)와 아리아의 구분을 분명하게 하지 않고 텍스트의 여러 가능성을 부드럽게 조화시켰다는 점이다. "그리고 아 그의 입맞춤"에서 나타나는 이 가곡의 내면적 절정은 형식적인 휴지부 없이 다음절에서 낭독조로 전환된다. 라이하르트가 괴테의 시를 낭독조와 아리아와의 차이를 분명히 하는 칸타타의 자유로운 형식으로 작곡했다면, 슈베르트는 베토벤처럼 텍스트 해석에 있어서 변형을 꾀한다. 특히 「미뇽Mignon」에서 그는 베토벤보다 더 강렬하게 종결부를 반복함으로써 종반부를 확연하게 한다. 이러한 점은 라이하르트나 첼터Zelter에게서는 보이지 않는 것이다.

문학적 시 형식을 다루는데 있어서 이러한 자유로움은 괴테의 가곡 미학과는 부합하지 않는다. 슈베르트가 1817년과 1825년 두 번에 걸쳐 그의 가곡을 괴테에게 보냈을 때, 괴테가 침묵한 것은 아마도 거절을 의미한 것으로 추정된다. 슈베르트는 가곡을 작곡하는 데 있어서 괴테 시의 중요성을 인식하고 있는데, 이는 1821년 그가 괴테 시 두 편을 작곡하고 출간하는 것에서 볼 수 있다. 「마왕Erlkönig」이 작품번호 1이고, 「물레 앞의 그레첸」이 2번으로 정해진다. 이 작품들은 동시대의 비평가에 의해 '대작'으로 평가받는데, 이러한 수식어는 여태까지 심포니나 소나타 형식의 보다 큰 장르에게나 붙이던 것이었다. 이로 인해 괴테 가곡에 있어서 슈베르트의 선구자적 기능이 인정받게 된다.

사회의 여러 계층에 널리 알려진 슈베르트의 최초 가곡은 작품번호 3의 1번, 괴테의 「목동의 비가Schäfers Klagelied」이다. 슈베르트가 괴테의 시를 접하게 된 것이 새로운 유형의 가곡을 구상하게 된 결정적인 계기가 됐다면, 이는 다른 시인들의 시를 작곡하는 데에서도 해당된다. 빌헬름 뮐러Wilhelm Müller의 연가곡과 하이네의 텍스트에 대한 작곡이 그러하다. 슈베르트는 동시대의 작가들을 주목하면서 보다 젊은 낭만주의 작곡가들에게 강하게 인지되는 텍스트들을 선정하였다. 그들 중 괴테는 하이네 다음으로 선호되는 작가였다.

슈베르트 이후 괴테의 시를 다룬 작곡가들은 괴테를 해석하는 슈베르트의 역량에 대하여 늘 논란을 벌이게 된다. 이 점은 낭만주의 피아노 가곡을 대표하는 마지막 주자인 후고 볼프Hugo Wolf에게서 가장 뚜렷이 나타난다. 1888년과 그 이듬해에 그는 51편의 괴테 시를 작곡한다. 그는 의식적으로 이 곡들을 슈베르트가 다룬 작품들과 중복되지 않게 하였다. 그러나 그는 슈베르트가 이미 곡을 붙인 「프로메테우스Prometheus」, 「인간의 한계Grenzen der Menschheit」, 「가뉘메트Ganymed」와 『빌헬름 마이스트의 수업시대』에서 나오는 「미뇽의 노래」 등 몇 편의 시들을 시대에 적합하게 새롭게 작곡함으로써 슈베르트를 비판하기도 한다. 괴테의 문학이론이 많이 반영된 「프로메테우스」의 경우, 볼프는 슈베르트보다 훨씬 더 강렬하게 반신(半神)의 반역적 저항을 부각시킨다. 이는 19세기에 일반적으로 천상의 불을 횡령하여 쇠사슬에 묶인 자라는 이미지 때문에 소홀히 되었던 '인간 창조자'로서 프로메테우스 상을 강조하는 것이기도 하다. 볼프가 괴테의 시를 작곡하면서 로베르트 슈만보다는 슈베르트와 관련을 맺고 있는 것은 우연이 아니다. 슈만의 초기 작품인 「미뇽의 노래」 op.98a의 낭독조 표현은 새로운 유형으로서, 의식적으로 텍스트를 정확하게 낭독하는 것과는 또 다른 뉘앙스를 준다.

1900년 무렵, 피아노로 반주되는 독창 가곡의 장르가 끝이 나면서 괴테를 수용하는 위대한 낭만주의 시대는 막을 내리게 된다. 1900년 이후에도 여전히 괴테 시는 작곡되는데, 이는 쇤베르크A. Schönberg의 새로운 음악과 아방가르드 흐름에 대항하기 위한 것이 된다. 쇤베르크, 베르크A. Berg, 베베른A. Webern 등으로 대표되는 이른바 제2차 비엔나 학파의 성악곡에서 괴테의 시는 주도적인 역할을 하지 못했다. 이러한 시대적 흐름 속에서 여전히 괴테를 수용하는 두 부류가 눈에 띄게 되는데, 하나는 후기 낭만주의자들과 반(反)낭만주의적 보수주의자들인 청년파 음악 운동이 그들이다.

첫 번째 부류에 속하는 작곡가들로는 리하르트 슈트라우스Richard Strauss, 한스 피츠너Haans Pfitzner, 오트마르 쇼엑Othmar Schoeck을 들 수 있다. 피츠너와 쇼엑이 텍스트를 선정한 것을 보면 그들이 괴테를 수용한 낭만주의자들의 후예들임을 알 수 있다. 「달에게An den Mond」에서 보이듯이, 피츠너의 괴테 작곡이 인상주의에 영향을 받았음이 드러내고 있다면, 쇼엑의 「오월의 노래Mailied」는 가요풍의 표정이 풍부한 선율로 독자적인 피아노 성부를 지니면서 슈베르트와 볼프를 보완하고 있다. 그의 전체적인 가곡에 비하면 얼마 되지는 않지만 슈트라우스는 괴테의 시를 13편 작곡하고 있다.

두 번째 부류는 20세기 초엽의 보수적인 문명비판을 통해 괴테의 이념에 부합하려고 한다. 크납A. Knab, 마르크스K. Marx 등으로 대표되는 청년파 음악운동은 음악을 일상생활에 보다 가깝게 연관시키면서, 괴테 시대의 가곡 미학을 다시 소생시키려고 시도하였다.

「어부Der Fischer」는 스코틀랜드 민속담시 운율인 체비 체이스Chevy chase로 되어 있다. 슈베르트가 작곡한 「바다의 고요Meerstille」는 강약격인 트로케우스Trochäus로, 「나그네의 밤 노래Wanderers Nachtlied II」의 운(韻)은 ababcddc로, 자유로운 운율 형식개념인 마드리갈Madrigal로 되어 있다.

Mit einem gemalten Band

Kleine Blumen, kleine Blätter
Streuen mir mit leichter Hand
Gute junge Frühlings-Götter
Tändelnd auf ein luftig Band.

Zephir, nimm's auf deine Flügel.
Schling's um meiner Liebsten Kleid;
Und so tritt sie vor den Spiegel
All in ihrer Munterkeit.

Sieht mit Rosen sich umgeben,
Selbst wie eine Rose jung.
Einen Blick, geliebtes Leben!
Und ich bin belohnt genug.

● 이 시는 괴테가 젊은 시절 목사의 딸인 프리데리케 브리온Friederike Brion(1752-1813)에게 보내는 사랑의 편지형식이지만, 후에 시로 다듬어서 발표한 것이다. 괴테가 슈트라스부르크 부근 제젠하임이라는 마을의 프리데리케 브리온과 사랑을 나누었는데, 이 체험에서 나온 시들을 한데 묶어 '제젠하임의 노래 Sesenheimer Lieder'라고 부른다. 교차운Kreuzreim으로 되어 있는 이 시도 이 중의 하나이다. 브리온과의 사랑의 체험은 괴테의 『시와 진실Dichtung und Wahrheit』의 10권과 11권에 자세히 묘사되어 있다. 브리온에게 바쳐진 '제젠하임 시의 특

꽃무늬 리본으로

작은 꽃들, 작은 잎새들,
선하고 젊은 봄의 신들이
재빠른 손놀림으로 재미 삼아
얇은 리본 위에 뿌려주네.

미풍아, 이 리본을 날개에 실어
내 님의 옷자락에 감아다오,
그녀는 마냥 즐거워하며
거울 앞으로 다가서겠지.

그녀는 장미꽃들에 싸여서
어린 장미 같은 자신을 보겠지.
한 번의 눈길, 사랑받는 삶!
그것으로 나의 보상은 족하리.

징은 젊음 자체를 노래하면서, 사랑의 진실, 삶의 진실이 주제를 이룬다. 이 시에서 "봄의 신들", "미풍", "장미", "리본" 등의 시어는 18세기의 사교시Gesellschaftslyrik에서 많이 사용되었다. 마지막 연에서 리본은 연인이 치장할 리본뿐 아니라 사랑의 지속성을 의미하고 있다. 클롭슈톡의 「장미 리본Das Rosenband」과 유사하게 이 시는 사랑과 삶을 노래하고 있으나, 괴테는 사랑에 리본이 묶어줄 수 있는 사랑이 지속될 수 있다는 시간적 의미를 더 강하게 하고 있다.

Fühle, was dies Herz empfindet,
Reiche frei mir deine Hand,
Und das Band, das uns verbindet,
Sei kein schwaches Rosenband!

—

Johann Friedrich Reichardt, 1809
Ludwig van Beethoven, op.83 Nr.3, 1811 | Othmar Schoeck, op.19a Nr.4, 1909-14 | Armin Knab, 1924-46 (Goethe-Lieder)

내 마음에 와 닿는 것을 느껴주오,
그대 손을 나에게 주오,
그리고 우리를 묶어줄 리본은
연약한 장미 리본은 아니리.

—

요한 프리드리히 라이하르트, 1809
루드비히 판 베토벤, op.83 Nr.3, 1811 | 오트마르 쇼엑, op.19a Nr.4, 1909–14 | 아르민 크납, 1924–46 (괴테 가곡)

Mailied

Wie herrlich leuchtet
Mir die Natur!
Wie glänzt die Sonne!
Wie lacht die Flur!

Es dringen Blüten
Aus jedem Zweig
Und tausend Stimmen
Aus dem Gesträuch

Und Freud und Wonne
Aus jeder Brust.
O Erd, o Sonne!
O Glück, o Lust!

O Lieb, o Liebe!
So golden schön,
Wie Morgenwolken
Auf jenen Höhn!

● 1771년 괴테는 법학을 공부하던 슈트라스부르크 학창시절 이 시를 지었다. 이 시의 제목은 처음에는 「5월의 축제Maifest」이었으나 1789년에 다시 「5월의 노래Mailied」로 바뀌었다. 젊은 괴테의 체험시인 이 시에는 사랑이 자연과 인간의 완전하게 동일시할 수 있음을 표현되고 있다. '제젠하임의 노래Sesenheimer Lieder' 중의 하나인 이 시에는 이루 말할 수 없는 행복감과 환희가 표현되어 있다. 이 시에는 오월의 자연과 서정적 자아인 '나'와 연인이 하나가 되어 있다. 이 시에 자주 나타나는 "Wie"나 "O"같은 감탄사는 이러한 시적 자아의 감정을 잘 보

오월의 노래

나를 향해 찬란하게
빛나는 자연이여!
빛나는 저 태양!
웃는 저 들판!

나뭇가지마다
꽃들이 돋아나고
덤불 속에선
수많은 목소리가

모두의 가슴에선
기쁨과 환희 솟네.
오 땅이여, 태양이여!
오 행복이여, 기쁨이여!

오 사랑, 사랑이여!
금빛으로 아름다우니,
드높은 산꼭대기의
아침 구름 같구나!

여준다. 하지만 여기서는 사랑이 개인의 사적인 특징이라기보다는 우주적인 자연의 힘이라는 점을 강하게 암시하고 있다. 이 시에는 전반적으로 살아있는 자연의 이미지가 잘 드러나 있고, 특히 1연과 5연에는 자연현상이 의인화되고 있다. 9연으로 이루어진 이 시는 세 부분으로 나눌 수 있다. 1-3연은 시적 자아가 아름다운 봄과 자연을 찬양한다. 4-5연은 시적 자아가 자연에 대한 사랑을 찬송하고 있고, 6-9연은 대상이 바뀌어 제젠하임의 목사 딸인 프리데리케 브리온에 대한 사랑을 노래한다.

Du segnest herrlich
Das frische Feld,
Im Blütendampfe
Die volle Welt.

O Mädchen, Mädchen,
Wie lieb ich dich!
Wie blickt dein Auge!
Wie liebst du mich!

So liebt die Lerche
Gesang und Luft,
Und Morgenblumen
Den Himmelsduft,

Wie ich dich liebe
Mit warmem Blut,
Die du mir Jugend
Und Freud und Mut

Zu neuen Liedern
Und Tänzen gibst.
Sei ewig glücklich,
Wie du mich liebst!

—

Ludwig von Beethoven, op.52 Nr.4, vor 1793 | Othmar Schoeck, op.19a Nr.3, 1909-14 | Armin Knab, 1924-46 (Goethe-Lieder)

그대가 화려하게
싱싱한 들판을 축복하니,
꽃향기 속에서
세상은 충만하구나.

오 소녀여, 소녀여
얼마나 널 사랑하는지!
너의 그 빛나는 눈!
나를 사랑하고 있네!

종달새가
노래와 대기를 사랑하고
아침 꽃들이
하늘의 향기를 사랑하듯,

그렇게 난 널 사랑하네
뜨거운 피로.
너는 나에게 젊음과
기쁨과 용기를 주며,

새로운 노래에 맞추어,
춤추게 하네.
영원히 행복하여라,
진정 그대 나를 사랑하기에!

—

루드비히 판 베토벤, op.52 Nr.4, 1793 이전 | 오트마르 쇼엑, op.19a Nr.3, 1909–14 | 아르민 크납, 1924–46 (괴테 가곡)

Prometheus

Bedecke deinen Himmel, Zeus,
Mit Wolkendunst
Und übe, dem Knaben gleich,
Der Disteln köpft,
An Eichen dich und Bergeshöhn;
Mußt mir meine Erde
Doch lassen stehn
Und meine Hütte, die du nicht gebaut,
Und meinen Herd,
Um dessen Glut
Du mich beneidest.

Ich kenne nichts Ärmeres
Unter der Sonn', als euch, Götter!
Ihr nähret kümmerlich
Von Opfersteuern
Und Gebetshauch
Eure Majestät
Und darbtet, wären
Nicht Kinder und Bettler
Hoffnungsvolle Toren.

● 희랍 신화에서 프로메테우스는 거인족인 이아페토스Iapetos의 아들로서, 진흙으로 인간을 만들어 영혼을 불어넣어 주었고, 제우스의 명령을 거역하여 올림프스에서 불을 훔쳐 인간들에게 갖다 준 죄로 카우카수스Kaukasus산의 바위에 묶여 독수리에게 간을 뜯어 먹히다가, 후에 제우스의 뜻에 따라 헤라클레스에 의해 풀려나 올림프스로 돌아와 신들의 조언자가 된다. 하지만 이 시에서 프로메테우스는 크로노스Kronos의 지파인 제우스의 아들로 묘사되어 있다. 자유운율의 찬가Hymme형식 장르에 속하는 이 시는 아버지 제우스와 날카로운 대

프로메테우스

제우스여, 그대의 하늘을
구름 안개로 덮어라
그리고 엉겅퀴 꽃을 따는 어린애처럼
떡갈나무와 산꼭대기에서
힘을 단련하라.
하지만 나의 대지는
그대로 두어야 하리.
당신이 짓지 않은 내 오두막,
그 열기 때문에
당신이 부러워하는
나의 아궁이도.

나는 해 아래서 당신네 신들보다
더 가련한 존재를 알지 못한다오!
당신들은 옹색하게도
공양과
기도의 숨결로
당신들의 위엄을 먹일 뿐,
아마도 아이들과 거지들
희망에 찬 바보들이 없었다면
굶주렸으리.

립구도를 이루고 있는 아들 프로메테우스를 송축하고 있다. 이러한 관점은 이 시의 마지막 연에서 절정을 이루고 있다. 프로메테우스의 반항과 독립정신, 강한 자아 감정, 고독 속에서의 창조적 정신이 부각된 이 시는 주관성을 강조한 '질풍과 노도'의 의미를 지닌 슈트름 운트 드랑Sturm und Drang시기의 대표적인 시이다. 그리고 프로메테우스는 곧 자의식이 강한 창조적 예술가의 상징이 되고 있다. 괴테는 이 시를 질풍과 노도 시기 이후인 1789년에 발표했다.

Da ich ein Kind war,
Nicht wußte, wo aus noch ein,
Kehrt' ich mein verirrtes Auge
Zur Sonne, als wenn drüber wär'
Ein Ohr, zu hören meine Klage,
Ein Herz wie meins,
Sich des Bedrängten zu erbarmen.

Wer half mir
Wider der Titanen Übermut?
Wer rettete vom Tode mich,
Von Sklaverei?
Hast du nicht alles selbst vollendet,
Heilig glühend Herz?
Und glühtest jung und gut,
Betrogen, Rettungsdank
Dem Schlafenden da droben?

Ich dich ehren? Wofür?
Hast du die Schmerzen gelindert
Je des Beladenen?
Hast du die Tränen gestillet
Je des Geängsteten?
Hat nicht mich zum Manne geschmiedet
Die allmächtige Zeit
Und das ewige Schiksal.
Meine Herrn und deine?

내가 아이였을 때
뭐가 뭔지 몰랐을 때,
나는 방황하는 시선을
태양으로 향했었네, 저 위에
나의 탄식을 들어줄 귀가,
나같이 억눌린 자를 불쌍히 여길
마음이 있는 줄 알고.

거인 족의 만용과 싸울 때
나를 도운 이가 누구였는가?
누가 나를 죽음에서
노예 상태에서 구했는가?
거룩하게 이글대는 마음이여,
너 혼자 모든 것을 이루지 않았느냐?
그래도 어리고 착한 나머지
속아서, 저 위에서 잠자는 자에게
구원의 감사를 바치지 않았는가?

당신을 공경하라니? 어째서?
당신은 괴로운 사람의 고통을
덜어준 적 있었는가?
불안에 떠는 사람의 눈물을
달래준 적 있었는가?
나를 사나이로 단련시킨 것은
나와 당신의 주인인
전능한 시간과
영원한 운명 아닌가?

Wähntest du etwa,
Ich sollte das Leben hassen,
In Wüsten fliehen,
Weil nicht alle
Blütenträume reiften?

Hier sitz' ich, forme Menschen
Nach meinem Bilde,
Ein Geschlecht, das mir gleich sei,
Zu leiden, zu weinen,
Zu genießen und zu freuen sich
Und dein nicht zu achten,
Wie ich!

—

Johann Friedrich Reichardt, ED, 1809
Franz Schubert, 1819
Hugo Wolf, 1889

어쩌면 당신은 생각하겠지?
내가 삶을 증오할 거라고.
꽃 같은 꿈들을
모두 피우지 못한 탓에
황무지로 도망가리라고.

나는 여기 앉아서, 인간을 빚고 있노라
나의 형상을 따라서
나를 닮은 종족을.
아파하고, 슬퍼하고,
즐기며, 기뻐하며,
그리고 당신을 존경하지 않는 종족을,
나와 똑같이!

—
요한 프리드리히 라이하르트, ED, 1809
프란츠 슈베르트, 1819
후고 볼프, 1889

Ganymed

Wie im Morgenglanze
Du rings mich anglühst,
Frühling, Geliebter!
Mit tausendfacher Liebeswonne
Sich an mein Herz drängt
Deiner ewigen Wärme
Heilig Gefühl,
Unendliche Schöne!

Daß ich dich fassen möcht
In diesen Arm!

Ach, an deinem Busen
Lieg ich, schmachte,
Und deine Blumen, dein Gras
Drängen sich an mein Herz.
Du kühlst den brennenden
Durst meines Busens,
Lieblicher Morgenwind!
Ruft drein die Nachtigall
Liebend nach mir aus dem Nebeltal.

● 가뉘메트는 희랍신화에 나오는 트로스Tros 왕의 아들인데, 모든 인간 중에서도 가장 아름다운 미소년으로 제우스의 눈에 들어 독수리로 변해, 올림프스에서 신들에게 술잔을 바치는 일을 하게 된다. 이 시는 1774년 봄에 쓰였지만, 괴테는 1789년에 발표한 작품집에서 이 시를 찬가 「프로메테우스」 바로 다음에 위치시키고 있다. 프로메테우스 시가 자의식을 강하게

가뉘메트

아침 광채 속에
너의 눈빛 사방에서 나를 향해 이글대니,
봄, 사랑아!
수천 갈래 사랑의 환희와 함께
나의 마음으로 밀려오는
영원한 네 따스함의
그 거룩한 느낌,
무한한 아름다움이여!

너를 끌어안고 싶구나,
이 팔 가득히!

아, 너의 가슴에
누워서, 애태우리라,
너의 꽃들, 풀밭이
내 마음으로 밀려오네.
너는 내 가슴의
타는 갈증을 식혀주는구나,
사랑스러운 아침 바람아,
밤 꾀꼬리는 안개 계곡에서
사랑스럽게 나를 부르는데.

표현하고 있다면, 이 시는 자의식에 벗어나고자 하고 있다. 이 시에서 괴테는 가뉘메트 전설에 새로운 해석을 가하고 있다. 즉 그는 봄의 노래이며, 신적으로 경험된 자연을 봄의 노래로서 표현하고 있다. 그리고 서정적 자아와 신이 신화적으로 하나가 되고, 신적인 자연과 하나가 되는 체험을 가뉘메트라는 신화적인 인간을 통해 표현하고 있다.

Ich komm, ich komme!
Wohin? Ach, wohin?

Hinauf! Hinauf strebt's.
Es schweben die Wolken
Abwärts, die Wolken
Neigen sich der sehnenden Liebe.
Mir! Mir!
In eurem Schoße
Aufwärts!
Umfangend umfangen!
Aufwärts an deinen Busen,
Alliebender Vater!

—

Franz Schubert, op.19 Nr.3, 1817
Hugo Wolf, 1889

내 가리! 내 가리라!
어디로? 아, 어디로?

위로, 저 위를 향해.
구름들이 두둥실
아래로 내려오네, 구름들이
그리워하는 사랑에게로 몸을 숙이네,
내게로, 나에게로!

그대들 품속에서
위를 향해,
얼싸안고 얼싸안긴 채!
위를 향해
당신 가슴에,
사랑 넘치는 아버지여!

—
프란츠 슈베르트, op.19 Nr.3, 1817
후고 볼프, 1889

Heidenröslein

Sah ein Knab ein Röslein stehn,
Röslein auf der Heiden,
War so jung und morgenschön,
Lief er schnell, es nah zu sehn,
Sahs mit vielen Freuden.
Röslein, Röslein, Röslein rot,
Röslein auf der Heiden.

Knabe sprach: Ich breche dich,
Röslein auf der Heiden!
Röslein sprach: Ich steche dich,
Daß du ewig denkst an mich,
Und ich wills nicht leiden.
Röslein, Röslein, Röslein rot,
Röslein auf der Heiden.

● 이 시는 괴테의 시 중에서 가장 잘 알려진 시 중의 하나이다. 슈트라스부르크에서 법학을 공부하던 학창시절 괴테는 그곳에서 만난 헤르더Herder의 권유로 이 도시와 가까운 알사스Elsaß 지방에서 말을 타던 중 우연히 지나가던 사람들이 부르는 이 노래를 듣게 되고 이를 개작해서 1770년에 이 시를 지었지만 1789년에 발표했다. 이런 점에서 이 시는 알사스 지방에 있는 제젠하임의 노래에 속한다. 질풍과 노도의 문학은 감정과 자연의 힘을 강조할 뿐만 아니라 근원적이며 신적인 자연을 묘사하면서 주관성을 부각시키는데, 이 시기에 속하는 「들장미」도 그러한 특징을 잘 보여준다. 이 시는 1602년에 출간된 파울 폰 데어 엘스트Paul von der Aelst의 모음집 『세계의 예의바른 노래와 운율Weltliche züchtige Lieder und Rheymen』에 들

들장미

한 아이가 보았네
들에 핀 장미를,
싱싱하고 아침같이 예뻤네,
아이는 가까이 보러 달려가,
큰 기쁨으로 바라보았네.
장미, 장미, 빨간 장미,
들에 핀 장미.

아이가 말했네, 너를 꺾을래,
들에 핀 장미야!
장미가 말했네, 너를 찌를래,
영원히 나를 잊지 못하게,
나는 고통을 원치 않아.
장미, 장미, 빨간 장미,
들에 핀 장미.

어 있는 「그녀는 장미나무를 닮았어요Sie gleicht wohl einem Rosenstock」라는 민요에 기초하고 있다. 4연으로 구성된 이 민요의 후렴구는 모두 괴테의 「들장미」와 마찬가지로 "들에 핀 장미 Röslein auf der Heiden"으로 끝난다. 1연의 후렴구는 "나를 사랑한다면, 내가 너를 사랑하듯이, 들에 핀 장미Liebst du mich, so wie ich dich, Röslein auf der Heiden."이다. 하지만 괴테의 「들장미」에는 사랑이라는 단어가 들어있지 않다. 이는 이 시가 사랑의 시Liebesgedicht 장르에 속하는 것만이 아니라는 것을 암시한다. 이 시는 7행 3연으로 이루어져 있다. 각 연의 마지막 2행 "장미, 장미, 빨간 장미Röslein, Röslein, Röslein rot/ 들에 핀 장미Röslein auf der Heiden"는 동일하게 반복되고 있다. 특히 '빨간 장미'는 사랑을 상징화하고 있다.

Und der wilde Knabe brach
's Röslein auf der Heiden;
Röslein wehrte sich und stach,
Half ihm doch kein Weh und Ach,
Mußt es eben leiden.
Röslein, Röslein, Röslein rot,
Röslein auf der Heiden.

—

Johann Friedrich Reichardt, 1809
Franz Schubert, op.3 Nr.3, 1815

사나운 소년은 꺾었네
들에 핀 그 장미를.
장미는 몸부림치며 찔렀지만
탄식도 신음도 소용없었네,
고통을 당해야만 했네.
장미, 장미, 빨간 장미,
들에 핀 장미.

—

요한 프리드리히 라이하르트, 1809
프란츠 슈베르트, op.3 Nr.3, 1815

Das Veilchen

Ein Veilchen auf der Wiese stand
Gebückt in sich und unbekannt;
Es war ein herzigs Veilchen!
Da kam ein' junge Schäferin
Mit leichtem Schritt und munterm Sinn
Daher, daher,
Die Wiese her, und sang.

Ach! denkt das Veilchen, wär ich nur
Die schönste Blume der Natur,
Ach! nur ein kleines Weilchen,
Bis mich das Liebchen abgepflückt
Und an dem Busen matt gedrückt,
Ach nur, ach nur
Ein Viertelstündchen lang!

Ach, aber ach! das Mädchen kam
Und nicht in acht das Veilchen nahm,
Ertrat das arme Veilchen.
Es sank und starb und freut sich noch:
Und sterb ich denn, so sterb ich doch
Durch sie, durch sie,
Zu ihren Füßen doch!
[Das arme Veilchen! es war ein herzigs Veilchen!]

—

Wolfgang Amadeus Mozart, KV476, 1785

제비꽃

풀밭에 제비꽃 한 송이 있었네.
몸을 구부려 잘 보이지 않으나,
그건 귀여운 제비꽃이었네!
그때 어린 양치기 소녀가 와서,
가벼운 발걸음, 흥겨운 기분으로
이쪽으로, 이쪽으로,
풀밭에 와서 노래 불렀네.

아! 제비꽃은 생각하네, 내가
세상에서 가장 예쁜 꽃이라면,
아! 조금만 있으면
사랑스러운 아가씨 나를 꺾어서
무던하게 자기의 가슴에 달겠지.
아 단지, 아 단지
십오 분만 더 지나면!

아, 그러나 아! 그 소녀
제비꽃을 미처 보지 못하고
그 가엾은 것을 밟고 말았네.
그 꽃은 쓰러져 죽으면서도 기뻐하네,
나는 죽네, 이제 나는 죽네,
그녀 때문에, 그녀로 인해,
그녀의 발치에서 죽네!
[가여운 제비꽃! 귀여웠던 제비꽃이었네!]

—

볼프강 아마데우스 모차르트, KV476, 1785

Der König in Thule

Es war ein König in Thule
Gar treu bis an das Grab,
Dem sterbend seine Buhle
Einen goldnen Becher gab.

Es ging ihm nichts darüber,
Er leert' ihn jeden Schmaus;
Die Augen gingen ihm über,
So oft er trank daraus.

Und als er kam zu sterben,
Zählt' er seine Städt' im Reich,
Gönnt' alles seinen Erben,
Den Becher nicht zugleich.

Er saß beim Königsmahle,
Die Ritter um ihn her,
Auf hohem Vätersaale
Dort auf dem Schloß am Meer.

● 이 시는 담시(발라드)로서 민요풍의 노래이다. 1774년에 쓰인 이 시는 『파우스트 1부』의 '저녁' 장면에서 그레첸Gretchen이 부르는 노래이다. 이 장면에서 그녀는 파우스트를 처음으로 만난 후 집에 돌아와서 그에 대한 생각에 빠진다. 파우스트는 그녀의 환심을 사기 위해 선물을 가지고 메피스토펠레스와 그녀의 집에 잠입한다. 하지만 그녀는 이 사실을 전혀 모른 채 근심스러운 마음으로 이 노래를 부른다. 1775년부터 바이마르 궁에서 괴테와 함께 활동하던 작곡가 지그문트 프라이헤어 폰 제켄도르프Siegmund Freiherr von Seckendorf가 이 시를 처음으로 작곡한다. 동화형식으로 시작하는 이 시는 '삶에 대한 신화적 또는 동화적 진실'을 노래

툴레의 임금

옛날에 툴레에 임금님이 있었네
일평생 진실한 분이었네.
사랑하는 왕비는 먼저 죽으면서
그에게 황금 술잔을 남겼네.

임금님에겐 이보다 더 귀한 것 없어
잔치 때마다 그 잔을 비웠네.
그 잔으로 마실 때마다
그의 눈에선 눈물이 넘쳐흘렀네.

임종이 다가오자 임금님은
나라 안의 고을들을 모두 세어
자식들에게 물려주었지만,
그 술잔만은 주지 않았네.

임금님은 큰 연회를 베풀었고
기사들이 주위에 둘러앉았네.
바닷가 높은 성 위에
선왕들을 모신 홀에서.

하고 있다. 질풍과 노도 시기에 속하는 이 담시는 죽은 왕비에 대한 임금의 진실된 위대한 사랑을 그레첸의 사랑으로 상징화하고 있다. 고대 그리스 탐험가인 피테아스Pytheas가 발견한 땅이라고 전해지는 툴레Thule는 이 세상의 최북단에 있는 섬으로서 '마지막 땅'이라는 어원적 의미를 지니고 있다. 그래서 시인은 임금의 성을 바닷가에 위치시키고, 죽음을 넘어서야 비로소 성취할 수 있는 삶의 진실은 툴레와 같은 멀고 먼 유토피아에서나 가능한 것임을 암시하고 있다.

Dort stand der alte Zecher,
Trank letzte Lebensglut,
Und warf den heilgen Becher
Hinunter in die Flut.

Er sah ihn stürzen, trinken
Und sinken tief ins Meer.
Die Augen täten ihm sinken;
Trank nie einen Tropfen mehr.

—

Franz Schubert, op.5 Nr.5, 1816
Franz Liszt, 1843

이 늙은 주객은 일어나서
마지막 삶의 불길을 마셨네,
그리고 성스러운 술잔을
바다로 던져버렸네.

술잔이 떨어져 기울어져
바다 속으로 가라앉는 것보고,
임금님의 눈도 감겨졌네,
더 이상 한 방울도 마시지 않았네.

—

프란츠 슈베르트, op.5 Nr.5, 1816
프란츠 리스트, 1843

Neue Liebe, neues Leben

Herz, mein Herz, was soll das geben?
Was bedränget dich so sehr?
Welch ein fremdes, neues Leben!
Ich erkenne dich nicht mehr.
Weg ist alles, was du liebtest,
Weg, warum du dich betrübtest,
Weg dein Fleiß und deine Ruh -
Ach, wie kamst du nur dazu!

Fesselt dich die Jugendblüte,
Diese liebliche Gestalt,
Dieser Blick voll Treu und Güte
Mit unendlicher Gewalt?
Will ich rasch mich ihr entziehen,
Mich ermannen, ihr entfliehen,
Führet mich im Augenblick,
Ach, mein Weg zu ihr zurück.

새로운 사랑, 새로운 삶

마음아, 내 마음아, 이 어쩐 일인가?
무엇이 너를 그토록 괴롭히나?
이 무슨 낯설고 새로운 삶인가!
내 너를 알아볼 수 없도다.
네가 사랑했던 것 모두 사라지고,
너를 슬프게 한 것 모두 사라졌네,
너의 성실도, 너의 안식도 -
아, 어쩌다 이렇게 되었을까?

꽃 같은 소녀의 아름다움이
그 사랑스러운 모습이
신뢰와 선의로 가득한 눈길이
너를 무한한 힘으로 옭아매었나?
황급히 그녀에게서 벗어나려고
용기를 내어 달아나려 해도,
아, 순식간에 나의 길은
그녀에게로 되돌아가는구나.

Und an diesem Zauberfädchen,
Das sich nicht zerreißen läßt,
Hält das liebe, lose Mädchen
Mich so wilder Willen fest;
Muß in ihrem Zauberkreise
Leben nun auf ihre Weise.
Die Verändrung, ach, wie groß!
Liebe! Liebe! laß mich loß!

—

Ludwig van Beethoven, op.75 Nr.2, 1809

도저히 끊을 수 없는
이 마법의 실에
사랑스럽고 태평한 소녀가 나를
억지로 붙들어 매었으니,
나 이제 이런 식으로
그녀 마법의 굴레 속에 살아야 하네.
아, 얼마나 큰 변화인가!
사랑아! 사랑아! 나를 놓아다오!

—
루드비히 판 베토벤, op.75 Nr.2, 1809

Wonne der Wehmut

Trocknet nicht, trocknet nicht,
Tränen der ewigen Liebe!
Ach, nur dem halbgetrockneten Auge
Wie öde, wie tot die Welt ihm erscheint!
Trocknet nicht, trocknet, nicht,
Tränen unglücklicher Liebe!

—

Ludwig van Beethoven, op.83 Nr.1, 1811 | Franz Schubert, op.115 Nr.2, 1815

비애의 기쁨

마르지 말지니, 마르지 말지니
영원한 사랑의 눈물아!
아, 거의 마른 눈으로 보면
세상은 얼마나 황량하고, 죽은 듯 보일까!
마르지 말지니, 마르지 말지니,
불행한 사랑의 눈물아!

—

루드비히 판 베토벤, op.83 Nr.1, 1811 | 프란츠 슈베르트, op.115 Nr.2, 1815

Auf dem See

Und frische Nahrung, neues Blut
Saug ich aus freier Welt;
Wie ist Natur so hold und gut,
Die mich am Busen hält!
Die Welle wieget unsern Kahn
Im Rudertakt hinauf,
Und Berge, wolkig himmelan,
Begegnen unserm Lauf.

Aug, mein Aug, was sinkst du nieder?
Goldne Träume, kommt ihr wieder?
Weg, du Traum, so gold du bist:
Hier auch Lieb und Leben ist.

● 이 시는 1775년 5월 26세의 괴테가 프랑크푸르트 은행가의 딸인 약혼녀 릴리 쇤네만Lili Schönemann을 떠난 후 슈톨베르크Stolberg 백작 형제 및 이 형제들의 친구인 하우크비츠Haugwitz 백작과 함께 스위스로 여행하던 중, 6월 15일 취리히 호수에서 즐긴 뱃놀이의 체험을 노래한 것이다. 특히 슈톨베르크 백작형제는 시인협회인 '괴팅엔 숲Göttingen Hain'에도 적극적으로 참여한 문학적 후원자들이다. 이 시는 뱃놀이의 유희적 성격과 상응되게 자연의 멀고 가까움과 높고 낮음의 움직임을 표현하고 있다. 질풍과 노도Sturm und Drang 시기의 전형적인 이 시는 전반적으로 자연에 몰입된 행복한 감정을 노래하고 있다. 1연은 '어머니 자연

호수 위에서

그리고 나는 신선한 양분, 새로운 피를
자유로운 세계로부터 빨아들이노라.
나를 품에 안아주는 자연은
얼마나 다정하고 착한지!
물결은 노 젓는 박자에 맞추어
우리 작은 배를 흔들어 올려주고,
그리고 산들이, 구름에 싸여 하늘 닿은 채,
나아가는 우리를 맞이하네.

눈, 내 눈이여, 왜 너는 아래를 향하느냐?
금빛 꿈들이여, 너희가 다시 오느냐?
가거라, 꿈이여, 네 그토록 금빛일지라도
이곳에도 사랑과 삶이 있노라.

Mutter Natur'으로서의 어린 시절의 자연을 노래한다. 파도의 움직임을 제시하지 않는 2연의 "황금빛 꿈"은 지나간 화려했던 시절을 비유적으로 묘사하고 있는데, 시적 자아는 이러한 회상대신에 "사랑과 삶"이 더욱 부각하고 있다. 3연의 "익어가는 열매"는 미래의 희망에 대한 상징이다. 특수한 것에서 일반적인 것을 인지하면서 이를 문학적 이미지로 전환시키는 괴테의 상징개념은 이 시에서도 잘 나타나고 있다. 또한 자연시에 속하는 이 시는 괴테의 세계관을 잘 보여주고 있다. 즉 자연에 대한 탐구적인 몰입, 이로 인해 새롭게 얻어진 인식의 확장, 전체적인 조망과 개별적인 것의 바라봄이 서로 결합되어 서로 하나로 나아가는 것 등이다.

Auf der Welle blinken
Tausend schwebende Sterne,
Weiche Nebel trinken
Rings die türmende Ferne;
Morgenwind umflügelt
Die beschattete Bucht,
Und im See bespiegelt
Sich die reifende Frucht.

—

Franz Schubert, 1817

물결 위에는 수많은 별들이
반짝거리며 떠 있고,
부드러운 안개가 주위에
솟아오르는 먼 곳을 마신다.
아침 바람이 불어
그늘진 만을 휘감아 돌고,
그리고 호수에는 익어 가는 열매가
제 모습을 비추고 있다.

—
프란츠 슈베르트, 1817

Rastlose Liebe

Dem Schnee, dem Regen,
Dem Wind entgegen
Im Dampf der Klüfte,

Durch Nebeldüfte,
Immer zu! Immer zu!
Ohne Rast und Ruh!

Lieber durch Leiden
Möcht ich mich schlagen,
Als so viel Freuden
Des Lebens ertragen.

Alle das Neigen
Von Herzen zu Herzen,
Ach, wie so eigen
Schaffet das Schmerzen!

● 1776년에 지어진 이 시는 샬로테 폰 슈타인Charlotte von Stein 부인에 대한 사랑을 노래하고 있다. 괴테는 1775년부터 바이마르에서 10년 정도 체류하게 되는데, 슈타인 부인은 바이마르 체류 초기에 알게 된 귀부인이다. 슈타인 부인에 대한 시는 〈나그네의 밤 노래〉와 함께

쉼 없는 사랑

눈보라 헤치고
비바람에 맞서
안개 낀 협곡에서,

자욱한 안개를 뚫고
계속! 계속 가라!
멈추지도, 쉬지도 말고!

차라리 고통을
감수하겠네,
숱한 삶의 기쁨을
누리기보다.

마음에서 마음으로
이끌릴 때마다,
아, 그 고통
비할 데 없네!

소위 리다-시Lida-Lyrik라 부른다. 리다는 슈타인부인을 지칭하는 다른 이름이다. 이전의 시와 달리, 리다시의 특징은 시적 자아가 상대방인 '너du'와의 관계 속에서 순수하고 조용한 사고를 촉구한다는 점이다.

Wie soll ich fliehen?
Wälderwärts ziehen?
Alles vergebens!
Krone des Lebens,
Glück ohne Ruh,
Liebe, bist du!

—

Franz Schubert, op.5 Nr.1, 1815?
Othmar Schoeck, op.19a Nr.5, 1909-14

어찌 피하랴?
숲으로 달아나리?
모두가 헛된 일!
삶의 왕관,
쉼 없는 행복,
사랑, 바로 너이기에!

—

프란츠 슈베르트, op.5 Nr.1, 1815?
오트마르 쇼엑, op.19a Nr.5, 1909–14

An den Mond

Füllest wieder Busch und Tal
Still mit Nebelganz,
Lösest endlich auch einmal
Meine Seele ganz;

Breitest über mein Gefild
Lindernd deinen Blick,
Wie des Freundes Auge mild
Über mein Geschick.

Jeden Nachklang fühlt mein Herz
Froh' und trüber Zeit,
Wandle zwischen Freud und Schmerz
In der Einsamkeit.

Fließe, fließe, lieber Fluß!
Nimmer werde ich froh;
So verrauschte Scherz und Kuß,
Und die Treue so.

● 이 시의 초고는 1777년 샬로테 폰 슈타인Charlotte von Stein 부인에게 편지에 들어있었는데, 10년 후 괴테는 이탈리아 여행 전후의 시기에 이를 다시 개작한다. 모두 9연으로 되어있는 이 시는 질풍과 노도Sturm und Drang 시기의 전형적인 자연시Naturlyrik 이다. 이 시는 달빛이 비치는 자연에 대한 명상, 세상을 등지고 조용한 관조된 자연과 조화롭게 사는 것을 노

달에게

덤불과 골짜기를 다시금
안개 빛으로 고요히 채우는,
너, 마침내 내 마음도
모두 열어놓네.

나의 들판 위로
위로하면서 너의 시선을 펼치니
내 운명 위로
친구의 눈빛처럼 온화하구나.

내 마음은 즐겁고 서글픈 때의
모든 여운을 느끼며,
기쁨과 고통 사이를 거닐고 있노라,
이 고독 속에서.

흘러라, 흘러라, 사랑스러운 강물아!
나 다시는 즐겁지 않으리.
농담도 입맞춤도 흘러가 버렸네,
진심마저 그렇게.

래하고 있다. 그러면서도 3연에서 시적 자아가 "기쁨과 고통 사이를 거닐고 있노라"라고 노래하고 있는 것처럼, 아직 다다르지 못한 사랑에 대한 평온함과 불안감이 교차하고 있다. 4, 6 7연에서 각각 f, r, w의 두운법(頭韻法)Alliteration이 눈에 띈다.

Ich besaß es doch einmal,
Was so köstlich ist!
Daß man doch zu seiner Qual
Nimmer es vergißt!

Rausche, Fluß, das Tal entlang,
Ohne Rast und Ruh,
Rausche, flüstre meinem Sang
Melodien zu,

Wenn du in der Winternacht
Wütend überschwillst,
Oder um die Frühlingspracht
Junger Knospen quillst.

Selig, wer sich vor der Welt
Ohne Haß verschließt,
Einen Freund am Busen hält
Und mit dem genießt,

Was, von Menschen nicht gewußt
Oder nicht bedacht,
Durch das Labyrinth der Brust
Wandelt in der Nacht.

—

Franz Schubert, 1815

한때는 나에게도
그렇게 고귀한 것이 있었지!
너무도 괴로워서
차마 잊을 수 없는 것이!

흘러라, 강물아, 계곡을 따라서
머물지도, 쉬지도 말고,
흘러라, 내 노래의
가락을 속삭여다오,

한겨울 밤에 분노로
넘쳐흐를 때,
어린 새싹이 돋아나는
봄의 장관을 돌며 속삭일 때.

복되어라, 미움 없이
세상과 떨어져 있는 사람,
친구 하나 가슴에 품은 채
그와 함께 즐기는 사람,

사람들이 알지 못하고
생각도 못하는 것을,
이 밤 가슴속 미로를 통해
지나가는 것을.

—
프란츠 슈베르트, 1815

Der Fischer

Das Wasser rauscht', das Wasser schwoll,
Ein Fischer saß daran,
Sah nach dem Angel ruhevoll,
Kühl bis ans Herz hinan.
Und wie er sitzt und wie er lauscht,
Teilt sich die Flut empor;
Aus dem bewegten Wasser rauscht
Ein feuchtes Weib hervor.

Sie sang zu ihm, sie sprach zu ihm:
Was lockst du meine Brut
Mit Menschenwitz und Menschenlist
Hinauf in Todesglut?
Ach wüßtest du, wie's Fischlein ist
So wohlig auf dem Grund,
Du stiegst herunter, wie du bist,
Und würdest erst gesund.

● 1778년에 쓰인 이 시는 괴테가 바이마르에 1775년에서 1786년까지 약 10년간 제1차 바이마르 체류시기에 머무를 때 쓰인 담시이다. 여성적인 바다가 어부를 심연으로 유혹하는 것을 묘사하고 있는 이 담시는 질풍과 노도Sturm und Drang 시기에 속하는 작품이다. 자연이 갖는 마술적이며 유령적인 힘에 내맡겨진 인간의 모습을 노래하고 있는 이 시는 「마왕Erlkö-

어부

물결이 철렁이는 소리, 물이 불었네,
한 어부가 물가에 앉아
낚싯대를 바라보고 있네, 조용히
마음속까지 차갑게.
그렇게 앉아서 물소리 듣고 있을 때,
물살이 솟으며 갈라지더니
요동하는 물로부터
젖은 여인이 나타나는구나.

그녀는 노래부르고 그에게 말했네.
"어찌하여 인간의 교활함과 간계로
내 아이들을 꾀어내어
죽음의 열기로 건져 올리나요?
아, 저 아래서 고기들이
얼마나 행복한지 당신이 안다면,
당신도 지금 그대로 물로 내려와
건강하게 될 거예요.

nig」과 함께 바이마르 시절의 자연마술적 담시die naturmagische Ballade에 속하는 대표적인 시이다. 이런 점에서 이 시는 바이마르 체류 이전에 쓴 「들장미」, 「툴레의 왕」과 같이 사랑과 고통에 대한 민요풍의 담시와는 구별된다. 담시가 지닌 특징처럼 이 시는 1, 4연의 서사적 보고형식과 2, 3연의 드라마적인 대화형식이 어우러져 있다.

Labt sich die liebe Sonne nicht,
Der Mond sich nicht im Meer?
Kehrt wellenatmend ihr Gesicht
Nicht doppelt schöner her?
Lockt dich der tiefe Himmel nicht,
Das feuchtverklärte Blau?
Lockt dich dein eigen Angesicht
Nicht her in ewgen Tau?

Das Wasser rauscht', das Wasser schwoll,
Netzt' ihm den nackten Fuß;
Sein Herz wuchs ihm so sehnsuchtsvoll,
Wie bei der Liebsten Gruß.
Sie sprach zu ihm, sie sang zu ihm;
Da wars um ihn geschehn:
Halb zog sie ihn, halb sank er hin,
Und ward nicht mehr gesehn.

—

Franz Schubert, op.5 Nr.3, 1815

사랑스러운 태양도, 달도
바다 속에서 원기를 얻잖아요?
물살을 숨 쉬고는 두 배로 아름다운
얼굴로 다시 솟아나지 않나요?
물로 변용된 깊은 하늘의
푸른빛이 그대를 유혹하지 않나요?
이 영원한 이슬에 비친 그대
자신의 모습이 그대를 유혹하지 않나요?"

물이 속삭였네, 물이 불었네,
물은 그의 맨발을 적셨네.
그의 마음은 그리움으로 가득 찼네,
연인의 인사를 받은 것처럼.
그녀는 그에게 말하고 노래 불렀네.
그리고 모든 일은 끝나고 말았지.
그녀에게 이끌리듯, 스스로 쓰러지듯,
마침내 그의 모습 보이지 않네.

—

프란츠 슈베르트, op.5 Nr.3, 1815

Erlkönig

Wer reitet so spät durch Nacht und Wind?
Es ist der Vater mit seinem Kind;
Er hat den Knaben wohl in den Arm,
Er faßt ihn sicher, er hält ihn warm.

"Mein Sohn, was birgst du so bang dein Gesicht?" -
"Siehst, Vater, du den Erlkönig nicht?
Den Erlenkönig mit Kron und Schweif?" -
"Mein Sohn, es ist ein Nebelstreif." -

'Du liebes Kind, komm, geh mit mir!
Gar schöne Spiele spiel ich mit dir;
Manch bunte Blumen sind an dem Strand,
Meine Mutter hat manch gülden Gewand.'

"Mein Vater, mein Vater, und hörest du nicht,
Was Erlenkönig mir leise verspricht?" -
"Sei ruhig, bleibe ruhig, mein Kind:
In dürren Blättern säuselt der Wind." -

● 이 시는 괴테보다 다섯 살 나이가 많은 문학적 선배인 헤르더J. G. Herder가 1778년에 번역한 덴마크의 민중담시 마왕의 딸 「Erlkönigs Tochter」에 자극을 받아, 괴테가 1782년에 쓴 담시이다. 하지만 덴마크 담시의 원본 제목의 'ellerkonge'는 '마왕Erlkönig'보다는 '요정의 왕Elfenkönig'이라는 의미를 지닌다. 괴테는 이 담시를 바이마르에 있는 티푸르트Tiefurt 극단의 오페레타인 『고기 잡는 여인Die Fischerin』를 위해 쓰게 되는데, 이 담시는 이 오페레타에서 도르첸Dortchen이 부르는 노래이다. 이 시는 바이마르 시절의 자연마적 담시die maturma-

마왕

이 밤 어둠과 바람 헤치며 달리는 이 누군가?
그들은 아버지와 그의 아이라네.
아버지는 소년을 품에 안아,
안전하게 감싸고 따스하게 보듬었네.

"얘야, 왜 두려운 얼굴을 하고 있니?"
"아버지, 마왕이 보이지 않으세요?
왕관을 쓰고 망토를 걸쳤어요."
"얘야, 그건 안개가 깔린 거란다."

'귀여운 아이야, 나와 함께 가자!
재미있는 놀이를 같이 하자꾸나,
바닷가엔 화려한 꽃들이 만발하였고
내 어머니에겐 금빛 옷들도 많단다.'

"아버지, 아버지, 들리지 않으세요?
마왕이 나직하게 나에게 말하고 있어요"
"진정해라, 진정해, 얘야,
마른 잎들이 바람에 사각거리는 소리란다."

gische Ballade이다. 아버지의 품에 안긴 아들이 자연이 갖고 있는 마법적인 힘을 무서워하는 데 반해, 모든 것을 이성으로 판단하는 계몽주의적인 인간형인 아버지는 자연의 마법적 힘에 대한 아들의 질문에 짙은 안개, 사그락거리는 바람소리, 잿빛 버드나무 등으로 대답하고 있다. 하지만 이러한 계몽주의적 대답은 삶의 방식에 아무런 도움이 되지 못함을 마지막 연은 말하고 있다.

'Willst, feiner Knabe, du mit mir gehn?
Meine Töchter sollen dich warten schön;
Meine Töchter führen den nächtlichen Reihn
Und wiegen und tanzen und singen dich ein.'

"Mein Vater, mein Vater, und siehst du nicht dort
Erlkönigs Töchter am düstern Ort?" -
"Mein Sohn, mein Sohn, ich seh es genau:
Es scheinen die alten Weiden so grau." -

'Ich liebe dich, mich reizt deine schöne Gestalt;
Und bist du nicht willig, so brauch ich Gewalt.'
"Mein Vater, mein Vater, jetzt faßt er mich an!
Erlkönig hat mir ein Leids getan!" -

Dem Vater grausets, er reitet geschwind,
Er hält in Armen das ächzende Kind,
Erreicht den Hof mit Mühe und Not:
In seinen Armen das Kind war tot.

—

Franz Schubert, op.1, 1815

'착한 아이야, 나와 함께 가지 않으련?
내 딸들이 예쁘게 차리고 기다리고 있어.
그 애들은 밤의 무도를 이끌며
흔들고 춤추며 노래로 너를 재워줄 거야.'

"아버지, 아버지, 저기 보이지 않으세요?
저 컴컴한 곳에 마왕의 딸들이 있어요."
"얘야, 얘야, 내가 분명히 보는데
늙은 버드나무가 잿빛으로 빛나는 거란다."

'널 사랑한다. 귀여운 네 모습에 반했어.
하지만 네가 원하지 않으니 강제로 할 수밖에.'
"아버지, 아버지, 마왕이 날 붙들어요!
마왕이 나를 아프게 해요!"

놀란 아버지 쏜살같이 달리는데,
팔에 안긴 아이는 신음하고 있네,
힘겹게 가까스로 집에 도착하고 보니
품 안의 아이는 이미 죽어 있었네.

—

프란츠 슈베르트, op.1, 1815

Anakreons Grab

Wo die Rose hier blüht, wo Reben um Lorbeer sich schlingen,
Wo das Turtelchen lockt, wo sich das Grillchen ergötzt,
Welch ein Grab ist hier, das alle Götter mit Leben
Schön bepflanzt und geziert? Es ist Anakreons Ruh.
Frühling, Sommer und Herbst genoß der glückliche Dichter;
Vor dem Winter hat ihn endlich der Hügel geschützt.

—

Hugo Wolf, 1888

● 1785년에 쓰인 이 시는 괴테가 로코코Rokoko문학에 심취하고 있음을 잘 보여주고 있다. 천진난만하고 유희적인 로코코문학은 기원 전 6세기경의 고대 그리스 시인인 아나크레온을 모방하면서 술, 사랑, 사교적인 모임을 주제로 하고 있다. 아나크레온은 사모스Samos의 전

아나크레온의 무덤

여기 장미꽃이 피고, 포도 넝쿨이 월계수 나무를 휘감는 곳,
작은 비둘기가 유혹하고, 귀뚜라미 즐겁게 노는 곳,
여기 누구의 무덤인가? 모든 신들이 생명을
아름답게 심어 놓고 장식하였네. 그것은 아나크레온의 안식.
행복한 시인은 봄, 여름, 가을을 누렸고,
이제 겨울을 맞아 언덕이 그를 지키고 있네.

—
후고 볼프, 1888

제군주인 폴리크라테스Polykrates의 궁중시인으로 있었고, 후에 아테네의 히파르커스Hipparchos의 부름을 받아 만년까지 그를 섬겼다.

Nähe des Geliebten

Ich denke dein, wenn mir der Sonne Schimmer
Vom Meere strahlt;
Ich denke dein, wenn sich des Mondes Flimmer
In Quellen malt.

Ich sehe dich, wenn auf dem fernen Wege
Der Staub sich hebt;
In tiefer Nacht, wenn auf dem schmalen Stege
Der Wandrer bebt.

Ich höre dich, wenn dort mit dumpfem Rauschen
Die Welle steigt.
Im stillen Haine geh ich oft zu lauschen,
Wenn alles schweigt.

Ich bin bei dir, du seist auch noch so ferne,
Du bist mir nah!
Die Sonne sinkt, bald leuchten mir die Sterne.
O wärst du da!

—

Franz Schubert, op.5 Nr.2, 1815

가까이 있는 연인

나 그대 생각하네, 햇살이
바다로부터 내게 빛날 때,
나 그대 생각하네, 은은한 달빛이
샘물을 수놓을 때.

나 그대를 보네, 저 먼 길에서
흙먼지 날릴 때,
깊은 밤에, 좁다란 오솔길에서
나그네가 전율할 때.

나 그대를 듣네, 희미한 소리로
저기 파도가 일 때.
나는 종종 고요한 숲에서 귀 기울이네,
모두가 잠잠할 때.

나 그대 곁에 있네, 그대 비록 멀리 있어도,
그대는 항상 가까이 있네!
해가 저물면, 곧 별들이 나를 향해 빛나지.
오 그대가 거기 있었군!

—

프란츠 슈베르트, op.5 Nr.2, 1815

Erster Verlust

Ach, wer bringt die schönen Tage,
Jene Tage der ersten Liebe,
Ach, wer bringt nur eine Stunde
Jener holden Zeit zurück!

Einsam nähr ich meine Wunde,
Und mit stets erneuter Klage
Traur ich ums verlorne Glück.

Ach, wer bringt die schönen Tage,
Jene holde Zeit zurück!

—

Franz Schubert, op.5 Nr.4, 1815
Felix Mendelssohn-Bartholdy, op.99 Nr.1, 1841-45

잃어버린 첫사랑

아, 누가 아름다운 날들을,
첫사랑의 저 날들을 가져다줄까,
아, 누가 저 달콤했던 시절의
한 시간만이라도 되돌려줄까!

고독하게 나는 나의 상처를 먹이며,
항상 새로워지는 탄식으로
잃어버린 행복을 애도하노라.

아, 누가 아름다운 날들을,
저 달콤했던 시절을 되돌려줄까!

—

프란츠 슈베르트, op.5 Nr.4, 1815
펠릭스 멘델스존-바르톨디, op.99 Nr.1, 1841–45

Meeres Stille

Tiefe Stille herrscht im Wasser,
Ohne Regung ruht das Meer,
Und bekümmert sieht der Schiffer
Glatte Fläche ringsumher.
Keine Luft von keiner Seite!
Todesstille fürchterlich!
In der ungeheuern Weite
Reget keine Welle sich.

—

Franz Schubert, op.3 Nr.2, 1815

● 이 시는 1975년데 쓰인 시로서 실러의 『문학연감Musenalmanach』에 처음으로 발표된다. 이 연감에서 이 시는 괴테의 「운 좋은 항해Glückliche Fahrt」 바로 앞에 위치하면서 주제에서도 유사성을 지닌다. 거의 같은 시기에 쓰인 이 두 시는 괴테의 이탈리아 여행(1786-1788)시기의 경험에서 나온 체험시Erlebnisgedicht이다. 그 당시 괴테는 나폴리에서 시칠리아 섬으로 갔다가 다시 돌아오는 길에 이 시의 제목처럼 '바다의 고요'를 체험한다. 시칠리아는 괴테가 늘

바다의 고요

물에는 깊은 정적만 감돌고,
미동도 없이 고요한 바다,
뱃사람은 사방 매끄러운 수면을
근심스레 바라보는데.
어느 쪽에서도 바람이 없네!
무서운 죽음 같은 고요!
엄청나게 넓은 바다에
물결 하나 일지 않네.

—
프란츠 슈베르트, op.3 Nr.2, 1815

다시 보고 싶은 섬이다. 돌아오는 길에 다시 풍랑이 일어 배의 난파에 대해 걱정했지만 무사히 다시 나폴리로 갈 수 있게 되자 안도감에 지은 시가 「운 좋은 항해」이다. 1연 10행으로 된 이 시의 3-6행에서 괴테는 다음과 같이 노래한다. "그리고 바람이 신이Und Äolus löset/ 불안한 굴레는 풀어 놓네Das ängstliche Band/ 바람이 윙윙거리니Es säuseln die Winde/ 뱃사공이 바삐 움직이네Es rührt sich der Schiffer."

Der Musensohn

Durch Feld und Wald zu schweifen,
Mein Liedchen weg zu pfeifen,
So geht's von Ort zu Ort!
Und nach dem Takte reget
Und nach dem Maß beweget
Sich alles an mir fort.

Ich kann sie kaum erwarten,
Die erste Blum' im Garten,
Die erste Blüt' am Baum.
Sie grüßen meine Lieder,
Und kommt der Winter wieder,
Sing ich noch jenen Traum.

Ich sing ihn in der Weite,
Auf Eises Läng' und Breite,
Da blüht der Winter schön!
Auch diese Blüte schwindet,
Und neue Freude findet
Sich auf bebauten Höhn.

Denn wie ich bei der Linde
Das junge Völkchen finde,
Sogleich erreg ich sie.
Der stumpfe Bursche bläht sich,
Das steife Mädchen dreht sich
Nach meiner Melodie.

뮤즈의 아들

들판과 숲을 배회하며,
내 노래 휘파람 소리내며,
이곳 저곳 다니네!
박자에 따라 흥겨워하고
운율에 맞춰 움직이네,
내 곁을 지나는 모든 이들은.

정원에 언제 꽃피는지
나무에 언제 꽃피는지
난 기대하지 못하나
그들은 내 노래 반겨주네.
겨울이 다시 와도
나는 봄의 꿈을 노래하지.

길고 넓게 얼음으로 덮인
들판에서 꿈을 노래하지,
그러면 겨울도 아름답게 피어나네!
이 꽃도 사라져 버리면
또 새로운 기쁨을 발견하리,
경작된 언덕 위에서.

마을 보리수 근처에서
젊은이들을 만나면
난 곧 그들을 흥겹게 하네.
과묵한 청년이 대담해지고
새침한 소녀가 춤을 추네,
내 가락에 맞추어.

Ihr gebt den Sohlen Flügel
Und treibt durch Tal und Hügel
Den Liebling weit vom Haus.
Ihr lieben, holden Musen,
Wann ruh ich ihr am Busen
Auch endlich wieder aus?

—
Franz Schubert, op.92 Nr.1, 1822

그대들은 발에 날개를 주어
귀염둥이를 집에서 멀리 떠나
계곡과 언덕을 누비게 하지.
정답고 자애로운 뮤즈여,
언제나 내 그녀의 품에서
다시 쉬게 되려나?

—
프란츠 슈베르트, op.92 Nr.1, 1822

Schäfers Klagelied

Da droben auf jenem Berge,
Da steh ich tausendmal,
An meinem Stabe gebogen,
Und schaue hinab in das Tal.

Dann folg ich der weidenden Herde,
Mein Hündchen bewahret mir sie.
Ich bin herunter gekommen
Und weiß doch selber nicht wie.

Da stehet von schönen Blumen
Die ganze Wiese so voll.
Ich breche sie, ohne zu wissen,
Wem ich sie geben soll.

● 1802년에 지어진 이 시는 대역시Rollengedicht이다. 대역시는 시적 자아가 어느 인물의 역할을 떠맡는 것을 말하는데, 여기서는 시적 자아가 단순히 목동으로서 뿐만 아니라 체험시를 이루는 텍스트로서 말하고 있다. 대역시에서 두 가지 목소리가 들어 있다. 즉 괴테는 이 시의 저자로서 뿐만 아니라 역할인물인 목동이라는 두 가지 목소리로 말하고 있다. 시적 자아

목동의 비가

저 위 저 산 위는
내가 무수히 서 있던 곳,
지팡이에 몸을 기대고
나는 계곡을 내려다보네.

나는 풀 뜯는 양 떼를 따르고,
개는 양들을 지켜주었네.
나는 아래로 내려왔지만
그 이유는 나도 모르겠네.

이곳의 풀밭은 온통
예쁜 꽃들로 가득했다네.
나는 꽃들을 꺾었지만,
누구에게 줄지 알 수 없네.

는 산 위 그늘 아래서 지팡이를 짚고 아래를 내려다보면서 비탄의 노래를 부르고 있다. 산 아래의 풍경은 개들이 양들을 지키고 양들은 예쁜 꽃이 피어있는 풀밭에서 풀을 뜯고 무지개가 집 위에 드리우고 있지만, 그녀가 떠나버렸기 때문에 그는 비탄에 잠겨있다. 따라서 목동의 노래는 비가가 되고 있다. 이 시에서도 자연은 시인의 내적 감정과 상호작용을 하고 있다.

Und Regen, Sturm und Gewitter
Verpaß ich unter dem Baum.
Die Türe dort bleibet verschlossen;
Denn alles ist leider ein Traum.

Es stehet ein Regenbogen
Wohl über jenem Haus!
Sie aber ist weggezogen,
Und weit in das Land hinaus.

Hinaus in das Land und weiter,
Vielleicht gar über die See.
Vorüber, ihr Schafe, vorüber!
Dem Schäfer ist gar so weh.

—

Franz Schubert, op.3 Nr.1, 1814

비바람, 뇌우가 몰아쳐
나무 아래로 피했네.
저 집 문은 여전히 잠겨 있으니,
그 모든 일이 꿈이로구나.

이제 그 집 위로
무지개가 드리우겠지!
하지만 그녀는 떠나버렸네,
멀고 먼 나라로.

아주 멀고 먼 땅으로,
어쩌면 바다를 건너갔으리.
가거라, 양들아, 가거라!
너희의 목동은 이렇게 괴롭단다.

—
프란츠 슈베르트, op.3 Nr.1, 1814

Sehnsucht

Was zieht mir das Herz so?
Was zieht mich hinaus?
Und windet und schraubt mich
Aus Zimmer und Haus?
Wie dort sich die Wolken
Um Felsen verziehn!
Da möcht ich hinüber,
Da möcht ich wohl hin!

Nun wiegt sich der Raben
Geselliger Flug;
Ich mische mich drunter
Und folge dem Zug.
Und Berg und Gemäuer
Umfittichen wir;
Sie weilet da drunten,
Ich spähe nach ihr.

Da kommt sie und wandelt;
Ich eile sobald,
Ein singender Vogel,
Zum buschigen Wald.
Sie weilet und horchet
Und lächelt mit sich:
"Er singet so lieblich
Und singt es an mich."

동경

왜 이리도 마음이 떨까?
무엇이 나를 밖으로 이끄나?
무엇이 나를 휘감아
방과 집 밖으로 내모는가?
저기 구름들이
절벽 뒤로 사라져가네!
그곳으로 나도 갔으면,
그곳으로 가고 싶어라!

까마귀들이 떼를 지어
즐겁게 날고 있네.
나도 그들과 어울려
행렬을 따라가야지.
산과 성터 위로
우리는 훨훨 날아가네.
그녀는 저 아래 있고,
나는 그녀를 지켜보네.

그녀가 이리 걸어오는구나,
나는 곧바로 날아가야지,
노래하는 새가 되어,
우거진 숲으로.
그녀는 걸음을 멈추고
귀를 기울이며 미소짓네.
"참 사랑스러운 노래,
나를 향해 부르고 있구나."

Die scheidende Sonne
Vergüldet die Höhn;
Die sinnende Schöne,
Sie läßt es geschehn.
Sie wandelt am Bache
Die Wiesen entlang,
Und finster und finstrer
Umschlingt sich der Gang;

Auf einmal erschein ich,
Ein blinkender Stern.
"Was glänzet da droben,
So nah und so fern?"
Und hast du mit Staunen
Das Leuchten erblickt,
Ich lieg dir zu Füßen,
Da bin ich beglückt!

—

Ludwig van Beethoven, op.83 Nr.2, 1811
Franz Schubert, op.37, 1814

기우는 햇살이
산을 금빛으로 물들여도
생각에 빠진 아름다운 그녀는
개의치 않네.
그녀는 시냇물을 따라
풀밭을 걸어가네.
날은 점점 어두워지는데
길은 굽이 져 있네.

그때 얼른 내가 나타나야지,
반짝이는 별이 되어서.
"저 위에 가깝고도 멀리서
빛나는 것은 무엇일까?"
그대가 놀라움으로
그 빛을 쳐다보았을 때,
나는 그대 발치에 있으리,
행복에 겨워서!

—

루드비히 판 베토벤, op.83 Nr.2, 1811
프란츠 슈베르트, op.37, 1814

Flohlied des Mephisto

Es war einmal ein König,
Der hatt einen großen Floh,
Den liebt er gar nicht wenig:
Als wie seinen eignen Sohn.
Da rief er seinen Schneider,
Der Schneider kam heran:
"Da, miß dem Junker Kleider
Und miß ihn Hosen an!"

In Sammet und in Seide
War er nun angetan,
Hatte Bänder auf dem Kleide,
Hatt auch ein Kreuz daran,
Und war sogleich Minister
Und hatt einen großen Stern.
Da wurden seine Geschwister
Bei Hof auch große Herrn.

메피스토의 벼룩 노래

옛날에 한 임금님이
커다란 벼룩 한 마리 키웠는데
적지 않게 사랑하였네,
마치 친자식처럼.
어느 날 왕은 재단사를 불렀고,
재단사에게 분부하였네.
"자, 이 귀족의 옷을 재거라
그에게 바지를 해 입혀라!"

벨벳과 실크로
벼룩은 멋지게 단장하였네,
옷에는 띠를 두르고
십자가도 걸쳤네,
곧바로 장관이 되어
커다란 훈장도 받았네.
그래서 그의 형제자매들도
궁정의 지체 높은 양반 되었지.

Und Herrn und Fraun am Hofe,
Die waren sehr geplagt,
Die Königin und die Zofe
Gestochen und genagt,
Und durften sie nicht knicken
Und weg sie jucken nicht. -
Wir knicken und ersticken
Doch gleich, wenn einer sticht!

—

Ludwig van Beethoven, op.75 Nr.3, 1809
Modest Mussorgsky

궁정의 신사와 숙녀들,
벼룩에게 심하게 시달렸네,
왕비와 시녀들도
쏘이고 뜯겼지만
쳐서 잡아도 안 되고
긁어서 털어내도 안 되었다네.
하지만 우리는 벼룩이 쏘면
곧바로 탁 쳐죽여 버리는데.

—

루드비히 판 베토벤, op.75 Nr.3, 1809
모데스트 무소르그스키

Gretchen am Spinnrade

Meine Ruh ist hin,
Mein Herz ist schwer,
Ich finde sie nimmer
und nimmermehr.

Wo ich ihn nicht hab,
Ist mir das Grab,
Die ganze Welt
Ist mir vergällt.

Mein armer Kopf
Ist mir verrückt,
Mein armer Sinn
Ist mir zerstückt.

Nach ihm nur schau ich
Zum Fenster hinaus,
Nach ihm nur geh ich
Aus dem Haus.

● 『파우스트 1부』에 들어있는 이 시는 '숲과 동굴' 장면 다음에 이어지는 '그레첸의 방'의 장면에서 그레첸이 부르는 노래이다. 마치 물레의 움직임처럼 주제부가 반복되는 론도형식으로 되어 있는 이 시에서 그레첸은 물레질을 하면서 파우스트와 나눈 모든 대화를 회상하고

물레 앞의 그레첸

나의 안식 사라지고
내 맘 무거워,
나 다시는 어디서도
마음의 안식 얻지 못하리.

그가 없는 곳이
내겐 무덤이며,
이 온 세상도
내겐 쓰디쓴 곳이네.

내 가엾은 머리
미쳐버렸소,
내 가엾은 마음
찢어져 버렸소.

창을 내다보면
오직 그의 모습 찾으며
집을 나서면
오직 그의 뒤를 따라가네.

있다. 이 시의 첫 행 "나의 안식 사라지고"에서 볼 수 있듯이 근심스러운 그레첸이 파우스트와의 입맞춤을 생각하면서 그를 그리워하고 있다.

Sein hoher Gang,
Sein' edle Gestalt,
Seines Mundes Lächeln,
Seiner Augen Gewalt.

Und seiner Rede
Zauberfluß,
Sein Händedruck,
Und ach, sein Kuß!

Mein Busen drängt
Sich nach ihm hin.
Ach dürft ich fassen
Und halten ihn,

Und küssen ihn,
So wie ich wollt,
An seinen Küssen
Vergehen sollt!

—

Franz Schubert, op.2, 1814

그의 우아한 걸음,
그의 고상한 모습,
그 입가의 미소,
그 눈빛의 위력.

마법처럼 흐르는
그의 목소리,
그의 손길,
그리고 아, 그의 입맞춤!

내 가슴은 오직
그를 향해 두근거리네.
아 그를 붙들고
안을 수 있다면,

마음껏 그에게
입맞출 수 있다면,
그의 입맞춤에
내 몸 삭아질지라도!

—
프란츠 슈베르트, op.2, 1814

Liebhaber in allen Gestalten

Ich wollt, ich wär ein Fisch,
So hurtig und frisch;
Und kämst du zu angeln,
Ich würde nicht mangeln,
Ich wollt, ich wär ein Fisch,
So hurtig und frisch.

Ich wollt, ich wäre Gold,
Dir immer im Sold;
Und tätst du was kaufen,
Käm ich gelaufen.
Ich wollt, ich wäre Gold,
Dir immer im Sold.

Doch bin ich, wie ich bin,
Und nimm mich nur hin!
Willst du beßre besitzen,
So laß dir sie schnitzen.
Ich bin nun, wie ich bin;
So nimm mich nur hin!

—

Franz Schubert, 1817

사랑에 빠진 이의 여러 모습

내가 물고기라면 좋겠네,
저토록 민첩하고 싱싱한.
그대가 낚시하러 오면,
내 고통스럽지 않으리.
내가 물고기라면 좋겠네,
저토록 민첩하고 싱싱한.

내가 금이라면 좋겠네,
언제라도 그대 위해 쓸 수 있는.
그대가 무엇을 살 때면
나는 속히 달려가리.
내가 금이라면 좋겠네,
언제라도 그대 위해 쓸 수 있는.

하지만 나는 나일 뿐이니
나를 이대로 받아줘요!
그대가 더 좋은 사람 원한다면
직접 새겨서 가지세요.
나는 그저 나일 뿐이니
나를 이대로 받아줘요!

—

프란츠 슈베르트, 1817

Geheimes

Über meines Liebchens Äugeln
Stehn verwundert alle Leute;
Ich, der Wissende, dagegen,
Weiß recht gut, was das bedeute.

Denn es heißt: ich liebe diesen,
Und nicht etwa den und jenen.
Lasset nur, ihr guten Leute,
Euer Wundern, euer Sehnen!

Ja, mit ungeheuren Mächten
Blicket sie wohl in die Runde;
Doch sie sucht nur zu verkünden
Ihm die nächste süße Stunde.

—

Franz Schubert, op.14 Nr.2, 1821

비밀

내 님의 고운 눈을 보면서
모든 사람들이 경탄하지.
하지만 나는 잘 알고 있네,
그 눈빛 무얼 뜻하는지.

나는 이 사람을 사랑해요,
다른 그 누구도 아니라는 뜻.
사람들아, 그대들의 경탄
그대들의 갈망 접어두오!

그래, 엄청난 위력으로
그녀는 주위를 바라보고 있네.
하지만 그 눈빛은 애인에게
달콤한 다음 만남을 알려줄 뿐인 걸.

—
프란츠 슈베르트, op.14 Nr.2, 1821

Wanderers Nachtlied Ⅰ

Über allen Gipfeln
Ist Ruh,
In allen Wipfeln
Spürest du
Kaum einen Hauch;
Die Vögelein schweigen im Walde.
Warte nur, balde
Ruhest du auch.

—

Franz Schubert, op.96 Nr.3, ca.1823
Franz Liszt, ca.1840
Robert Schumann, op.96 Nr.1, 1850

● 괴테의 1차 바이마르 체류기간에 쓰인 이 시는 「나그네의 밤 노래 Ⅱ」보다 후에 발표되었던 시이다. 괴테는 자신의 전집에서 두 시를 한 페이지에 배치하면서 이 시를 '동일한 제목 Ein Gleiches'이라는 제목을 달았다. 이는 이 시의 제목도 '나그네의 밤노래'라는 의미이다. 샬로테 폰 슈타인Charlotte von Stein 부인에게 보내는 이 시는 1780년 9월 6일 저녁 튀링겐Thüringen 주(州) 일메나우Ilmenau 지방의 키켈한Kickelhahn산에 있는 오두막 판자에 연필로 써 놓았다가 1815년에 발표한 시이다. 괴테는 바이마르 생활의 번잡함과 번민을 피하기 위해 이 산을 찾

나그네의 밤 노래 1

모든 산봉우리들 너머에
안식이 있고,
모든 나무 우듬지에서
그대는 느끼지 못하네
한 줄기 숨결조차도.
작은 새들은 숲 속에서 잠잠하네.
기다리게나, 머지않아
그대 또한 쉬게 되리니.

—

프란츠 슈베르트, op.96 Nr.3, 1823경
프란츠 리스트, 1840 경
로베르트 슈만, op.96 Nr.1, 1850

은 것이다. 이 시는 많은 패러디를 양산했을 정도로 괴테의 시 중에 가장 유명한 시 중의 하나이다. 이 시의 주제는 안식Ruhe이다. 독자가 시적 자아와 마찬가지로 저녁의 아늑한 분위기와 평안함을 느낄 수 있을 만큼 시적 정취가 묻어나고 있다. 자연의 안식과 인간의 불안과의 대립관계를 보여주는 이 시는 시어의 예술적 단순성, 영혼의 투영성, 안식, 자연의 정감, 사고와의 거리감 등을 제시하고 있다.

Wanderers Nachtlied Ⅱ

Der du von dem Himmel bist,
Alles Leid und Schmerzen stillest,
Den, der doppelt elend ist,
Doppelt mit Erquickung füllest,
Ach, ich bin Treibens müde!
Was soll all der Schmerz und Lust?
Süßer Friede,
Komm ach komm in meine Brust!

—

Franz Schubert, op.4 Nr.3, 1815
Franz Liszt, 1843
Hugo Wolf, 1883
Hans Pfitzner, op.40 Nr.5, 1931

● 이 시는 바이마르 체류 시절 괴테가 1776년에 샬로테 폰 슈타인 부인에게 보낸 편지 사이의 쪽지에서 발견된 시이다. 이 시는 대역시이다. 나그네인 시적 자아는 방랑자로 노래하고 있다. 이 시적 자아는 지친 방랑자이다. 이 시는 인간은 고통과 쾌락 속에 머물러 있는 한 목적지에 도달하지 못한 채 방랑의 상태에 있음을 암시하고 있다. 이런 관점에서 시적 자아는 고통스러운 불안 속에서 내면적인 평안을 동경하면서 멜랑콜리한 음조로 노래하고 있다.

나그네의 밤 노래 2

하늘에서 온 그대,
모든 고통과 아픔을 달래주네,
갑절로 비참한 사람을
갑절의 원기로 채워주는 그대,
아, 나는 욕망에 지쳤노라!
고통이며 쾌락이 다 무엇이냐?
달콤한 평안이여,
오라, 아, 오라 내 가슴속으로!

—

프란츠 슈베르트, op.4 Nr.3, 1815
프란츠 슈베르트, 1843
후고 볼프, 1883
한스 피츠너, op.40 Nr.5, 1931

1815년에 발표된 시에서 「나그네의 밤 노래 1」 다음에 놓여있다. 이 시는 안식과 평온함을 노래한 「나그네의 밤 노래 1」과 대조적으로 나그네의 불안함과 이를 벗어나고자 평안함을 간구하는 심정을 노래하고 있다. "달콤한 평안이여,/ 오라, 아, 오라 내 가슴 속으로!" 오직 하늘로부터 온 평안만이 시적 자아의 위안이 될 수 있음을 노래한다.

Kennst du das Land

(Lied der Mignon)

Kennst du das Land, wo die Zitronen blühn,
im dunklen Laub die Goldorangen glühn,
ein sanfter Wind vom blauen Himmel weht,
die Myrte still und hoch der Lorbeer steht ?
Kennst du es wohl?
Dahin, dahin
möcht' ich mit dir, o mein Geliebter, ziehn!

Kennst du das Haus, auf Säulen ruht sein Dach,
es glänzt der Saal, es schimmert das Gemach,
Und Marmorbilder stehn und sehn mich an:
was hat man dir, du armes Kind, getan?
Kennst du es wohl?
Dahin, dahin
möcht' ich mit dir, o mein Beschützer, ziehn!

Kennst du den Berg und seinen Wolkensteg!
Das Maultier sucht im Nebel seinen Weg,
In Höhlen wohnt der Drachen alte Brut,
es stürzt der Fels und über ihn die Flut:
kennst du ihn wohl ?
Dahin! dahin geht unser Weg; o Vater, laß uns ziehn!

소설 『빌헬름 마이스터』 중에서 미뇽의 노래

그 나라를 아시나요

(미뇽의 노래)

그 나라를 아시나요, 레몬나무 꽃피는 곳,
짙은 잎새 사이에 황금빛 오렌지가 빛나는 곳,
파란 하늘에서 부드러운 바람 불어오고
미르테 나무가 조용히, 키 큰 월계수 서 있는 그 나라를?
당신은 알고 계시나요?
그곳으로, 그곳으로
오 사랑하는 이여, 당신과 함께 가고 싶어요!

그 집을 아시나요, 커다란 기둥들이 지붕을 받친 집,
홀은 찬란하고, 방은 은은히 빛나는 곳,
대리석상들이 서서 나를 바라보며,
가엾은 아이야, 무슨 일 있었느냐고 물어주는 그 집을?
당신은 알고 계시나요?
그곳으로, 그곳으로
오 나를 지키시는 이여, 당신과 함께 가고 싶어요!

그 산, 구름 쌓인 그 산길을 아시나요!
두더지가 안개 속에서 길을 찾는 곳,
동굴에는 늙은 용들이 사는 곳,
가파른 암벽에 폭포가 떨어지는 곳,
당신은 알고 계시나요?
그곳으로! 그곳으로 가야 해요, 오 아버지, 우리 함께 가요!

—

Ludwig van Beethoven, op.75 Nr.1, 1809
Franz Schubert, 1815
Franz Liszt, 1842
Robert Schumann, op.79 Nr.29, 1849
Hugo Wolf, 1888

● 이 시는 괴테의 소설 『빌헬름 마이스터의 수업시대 Wilhelm Meisters Lehrjahre』의 제 3권의 1장에 들어있는 시이다. 괴테가 이탈리아 여행이후 미리 써 두었던 원본을 개작하여 1795-1976년에 완성한 이 소설은 독일 교양소설의 전형으로 여겨진다. 이 소설에서 미뇽은 빌헬름 마이스터가 이끄는 극단의 단원으로서 이탈리아 출신의 12살 난 소녀로 등장한다. 미뇽은 이탈리아 후작의 조카딸이다. 어릴 때 유괴된 뒤 곡마단을 따라 다니다가 빌헬름에 의해 구출된다. 이 소설에서 미뇽은 빌헬름을 사랑하다가 나중에 목숨을 버리는 아름다운 이

—

루드비히 판 베토벤, op.75 Nr.1, 1809
프란츠 슈베르트, 1815
프란츠 리스트, 1842
로베르트 슈만, op.79 Nr.29, 1849
후고 볼프, 1888

상적인 여인이면서도 그의 마음을 움직이는 신화적 의미의 정령과 같은 존재로 묘사된다. 모두 8장으로 되어있는 이 소설의 제 3장의 첫 부분에서 빌헬름은 아침에 미뇽을 찾아 집안을 찾는 중에 문 밖에서 미뇽이 혼자 부르는 노래이다. 침울한 애조로 부르는 동경이 깃든 이 노래에 빌헬름을 매우 흡족해 한다. 이 노래에서 '그 나라'는 괴테에게 동경의 나라인 이탈리아이다.

Heiß' mich nicht reden

(Lied der Mignon)

Heiß' mich nicht reden, heiß' mich schweigen,
Denn mein Geheimnis ist mir Pflicht;
Ich möchte dir mein ganzes Innre zeigen,
Allein das Schicksal will es nicht.

Zur rechten Zeit vertreibt der Sonne Lauf
Die finstre Nacht, und sie muß sich erhellen;
Der harte Fels schließt seinen Busen auf,
Mißgönnt der Erde nicht die tiefverborgnen Quellen.

Ein jeder sucht im Arm des Freundes Ruh,
Dort kann die Brust in Klagen sich ergießen;
Allein ein Schwur drückt mir die Lippen zu,
Und nur ein Gott vermag sie aufzuschließen.

—

Franz Schubert, op.62, Nr.2, 1826
Robert Schumann, op.98a Nr.5, 1841
Hugo Wolf, 1888

● 이 시는 『빌헬름 마이스터의 수업시대』의 제5권 16장 마지막에 들어 있다. 빌헬름이 '북쪽'으로 여행을 떠나는 장면에서 미뇽과 헤어지게 되자 미뇽과 함께 지은 이 시를 미뇽이 부른다. 자신이 운영하던 극단을 극단배우인 멜리나에게 맡기고 떠나는 여행길에서 미뇽이 잊

말하라 하지 마세요

(미뇽의 노래)

말하라 하지 마세요, 침묵하라고 하세요,
비밀을 지키는 것이 저의 의무니까요.
제 속을 완전히 당신께 보이고 싶지만
운명이 허락하지 않는군요.

태양의 운행이 제시간에 맞추어
캄캄한 밤을 쫓아내면, 반드시 아침은 밝고,
단단한 바위도 제 가슴을 열어서
깊이 감추인 샘물을 대지에 허락하지요.

누구나 친구의 품에서 휴식을 찾으며
마음속의 탄식을 쏟아버리지요.
하지만 맹세 때문에 제 입술을 열 수 없어요,
오직 하나님만이 여실 수 있답니다.

—

프란츠 슈베르트, op.62, Nr.2, 1826
로베르트 슈만, op.98a Nr.5, 1841
후고 볼프, 1888

지 말라고 간청하면서 부르는 이 노래는 빌헬름을 감동시킨다. 이 노래 다음에 유명한 제6권의 「아름다운 영혼의 고백」이 이어진다.

So laßt mich scheinen

(Lied der Mignon)

So laßt mich scheinen, bis ich werde;
Zieht mir das weiße Kleid nicht aus!
Ich eile von der schönen Erde
Hinab in jenes dunkle Haus.

Dort ruh ich eine kleine Stille,
Dann öffnet sich der frische Blick,
Ich lasse dann die reine Hülle,
Den Gürtel und den Kranz zurück.

Und jene himmlischen Gestalten,
Sie fragen nicht nach Mann und Weib,
Und keine Kleider, keine Falten
Umgeben den verklärten Leib.

Zwar lebt ich ohne Sorg und Mühe,
Doch fühlt ich tiefen Schmerz genug.
Vor Kummer altert ich zu frühe -
Macht mich auf ewig wieder jung!

—

Franz Schubert, op.62 Nr.3, 1826 | Robert Schumann, op.98a Nr.9, 1841
Hugo Wolf, 1888

● 이 시는『빌헬름 마이스터의 수업시대』제8권 2장에 들어 있는 노래이다. 빌헬름의 생병의 은인인 '탑의 사회Turmgesellschaft'의 나탈리에가 어린 아이들에게 산타클로스나 그리스도에 관한 연극을 보여주려고 준비하는 중에, 마침 어린 쌍둥이 아이의 생일을 맞이하여 미뇽에게 천사의 역할을 하게 한다. 미뇽이 빈혈로 인해 병이 들었음에도 불구하고 평소에 잘

이 모습 이대로 두오

(미뇽의 노래)

이 모습 이대로 두오, 바라는 대로 될 때까지.
내 입은 흰옷을 벗기지 마세요!
나는 이 아름다운 땅으로부터
저 어두운 집으로 달려 내려가겠어요.

그곳에서 고요하게 잠시 쉬고 나면
나의 눈이 시원하게 열릴 거예요,
그때는 이 순수한 옷과
허리띠와 화관은 남겨두지요.

저 천국의 형상들,
그들은 남자고 여자고 상관없이
어떤 의복이나 장식으로도
변화된 자신의 몸을 감싸지 않지요.

비록 나는 근심 걱정 없이 살아왔지만
깊은 아픔도 충분히 느꼈답니다.
슬픔으로 인해 너무 일찍 늙어버렸죠.
다시 나를 영원히 젊게 해 주세요!

—

프란츠 슈베르트, op.62 Nr.3, 1826 | 로베르트 슈만, op.98a Nr.9, 1841
후고 볼프, 1888

하지 않던 여복 차림을 한다. 가벼운 흰옷을 입고, 허리에는 황금 띠를 두르고, 머리에는 황금 리본을 단 미뇽이 한 손에 백합을 들고, 다른 한손에는 선물바구니를 들고 아이들에게 나타나서 선물을 나누어준다. 그리던 중 아이들의 관심이 조금씩 사라지게 되어 나탈리에가 미뇽의 천사 옷을 벗기려고 하자, 미뇽은 그 옷을 벗지 않으려 하면서 이 노래를 부른다.

Nur wer die Sehnsucht kennt

(Lied der Mignon)

Nur wer die Sehnsucht kennt,
Weiß, was ich leide!
Allein und abgetrennt
Von aller Freude,
Seh ich ans Firmament
Nach jener Seite.
Ach! der mich liebt und kennt,
Ist in der Weite.
Es schwindelt mir, es brennt
Mein Eingeweide.
Nur wer die Sehnsucht kennt,
Weiß, was ich leide!

—

Ludwig van Beethoven, 1807/08 | Franz Schubert, op.62 Nr.4, 1826 | Robert Schumann, op.98a Nr.3, 1841 | Peter Iljitsch Tschaikowsky, op.6, 1869 | Hugo Wolf, 1888

● 『빌헬름 마이스터의 수업시대』에서 제4권의 11장에 나오는 이 노래는 빌헬름이 백작부인의 편지를 받고 아름다운 여인을 마음속으로 꿈을 꾸는 그리움에 잠겨 있을 때, 미뇽과 하프를 연주하는 노인이 이중창으로 부르는 노래이다. 이 노래를 듣고 빌헬름은 사랑하는 수호

그리움을 아는 사람만이

(미뇽의 노래)

그리움을 아는 사람만이
나의 괴로움 알리!
모든 기쁨으로부터
떨어져 나 홀로,
저편 저쪽
하늘만 바라보네.
아! 나를 사랑하고 나를 아는 이
먼 곳에 있네.
어지러워라,
내 마음 타들어 가네.
그리움을 아는 사람만이
나의 괴로움 알리!

—

루드비히 판 베토벤, 1807/08 | 프란츠 슈베르트, op.62 Nr.4, 1826 | 로베르트 슈만, op.98a Nr.3, 1841 | 페터 일리이치 챠이코프스키, op.6, 1869 | 후고 볼프, 1888

신의 유혹하는 듯한 감정과 신비로운 고통을 느낀다. 그리고 그는 미지의 세계로 말을 타고 달리는 듯 또는 날개를 달고 날아가는 듯한 그리움을 그리움이 사무친다. 이러한 꿈과 같은 그리움의 감정을 현실로 되돌려놓은 것은 우편마차의 나팔소리이다.

8

프리드리히 레오폴트 슈톨베르크

Friedrich Leopold Graf zu Stolberg, 1750-1819

—

자연에게 An die Natur

물 위에서 노래함 Auf dem Wasser zu singen

프리드리히 레오폴트 슈톨베르크

Friedrich Leopold Graf zu Stolberg, 1750-1819

슈톨베르크는 덴마크 궁내 교육담당관의 둘째 아들로 태어나, 덴마크와 슐레스비히-홀슈타인에서 귀족답지 않게 자유분방한 유년기와 청년기를 보낸다. 시인 에버트J. A. Ebert와 클롭슈톡G. F. Klopstck 등이 그의 친구였다.

슈톨베르크는 그의 형 크리스티안Christian과 1770년 법학을 공부하기 위해 할레Halle 대학에 들어간다. 1772년 이 둘은 괴팅겐 대학으로 옮겼고, 그곳에서 그는 〈숲의 단체Hainbund〉 회원들과 알게 된다. 1775년에는 괴테와 함께 교양을 쌓기 위해 스위스 여행을 하기도 한다.

「나의 조국Mein Vaterland」, 「클롭슈톡에게An Klopstock」, 「하르츠Der Harz」, 「자연Die Natur」, 「자유Die Freiheit」들과 같은 슈톨베르크의 초기 송가들은 완전히 클롭슈톡을 계승한 것이다. 1775년 스위스를 여행하는 동안 그는 자신을 지배하고 있던 클롭슈톡의 틀에서 벗어나 담시 풍의 시들, 자유로운 리듬과 노래하기 알맞는 가곡 장르로 전환하게 되고, 이때부터 독특한 그의 시적 표현방식이 형성된다. 슈톨베르크는 점차로 자유와 모국을 노래한 초기의 추상적인 수사학에서 거리를 두면서, 고향의 경치를 자신만의 문학 테마로 깨닫게 되었다. 1782년에 그의 신부에게 헌정한 「물 위에서 노래함Lied auf dem Wasser zu singen」은 그의 시 가운데서 가장 유명하고 성숙한 텍스트이다. 이 시는 1823년 슈베르트에 의해 작곡되었다.

An die Natur

Süße, heilige Natur,
Laß mich gehn auf deiner Spur!
Leite mich an deiner Hand,
Wie ein Kind am Gängelband!

Wenn ich dann ermüdet bin,
Sink ich dir am Busen hin,
Athme süße Himmelsluft,
Hangend an der Mutterbrust.

Ach wie wohl ist mir bei dir!
Will dich lieben für und für.
Laß mich gehn auf deiner Spur,
Süße, heilige Natur!

—

Franz Schubert, 1814

자연에게

감미롭고, 성스러운 자연이여,
나로 그대의 자취를 따르게 하오!
그대의 손으로 나를 이끌어주오,
걸음마하는 아이처럼!

나 때때로 고단할 때면,
그대의 가슴에 안기리라,
감미로운 대기를 호흡하리라,
어머니 가슴에 기대어.

아 그대 곁에 있어 얼마나 좋은지!
그대를 언제까지나 사랑하리라.
나로 그대의 자취를 따르게 하오,
감미롭고, 성스러운 자연이여!

—
프란츠 슈베르트, 1814

Auf dem Wasser zu singen

Mitten im Schimmer der spiegelnden Wellen
Gleitet, wie Schwäne, der wankende Kahn;
Ach, auf der Freude sanftschimmernden Wellen
Gleitet die Seele dahin wie der Kahn;
Denn von dem Himmel herab auf die Wellen
Tanzet das Abendrot rund um den Kahn.

Über den Wipfeln des westlichen Haines
Winket uns freundlich der rötliche Schein,
Unter den Zweigen des östlichen Haines
Säuselt der Kalmus im rötlichen Schein;
Freude des Himmels und Ruhe des Haines
Atmet die Seel im errötenden Schein.

● 1782년에 쓰인 이 시는 『크리스티안과 프리드리히 레오폴트 슈톨베르크 형제의 전집Gesammelte Werke der Brüder Christian und Friedrich Leopold Grafen zu Stolberg』에 발표된다. 이 시의 원 제목은 「나의 아그네스를 위해 물 위에서 부르는 노래Lied auf dem Wasser zu singen, für meine Agnes」이다. 작가로도 활동했던 아그네스의 본명은 아그네스 헨리에테 엘레오노레 폰 비츠레벤Agnes Henriette Eleonore von Witzleben이다. 슈톨베르크는 그녀에게 헌정한 이 시를 쓰고 같은 해 그녀와 결혼한다. 이런 점에서 이 시는 시기적으로 결혼식과 연관된 작품으로 여겨질 수 있다. 하지만 이 시는 시인이라는 직업과 시작(詩作)에 관한 시로서 삶의 기쁨이 허무하다는 것을 노래한다. 1연에서 '작은 배'로 은유화하면서 관찰하는 시적 자아는 신비로운 자연의 휘광을 지닌 사랑하는 연인과 차츰 멀어져 자신을 비유적으로 묘사하고 있

물 위에서 노래함

거울처럼 비추는 물결의 빛 가운데
백조처럼 흔들리며 미끄러지는 작은 배.
아, 기쁨으로 은은히 빛나는 물결 위에
내 마음도 그 배처럼 미끄러져 가네.
하늘에서 내려온 붉은 저녁 햇살은
배를 에워싸고 물결 위에서 춤추네.

서쪽 숲의 나무들 위에서
붉은 햇살이 정답게 손짓하니,
동쪽 숲에선 나무 가지들 아래
창포가 붉은 빛을 받고 살랑거리네.
내 영혼은 붉은 햇살 속에서
하늘의 기쁨과 숲의 안식을 들이마시네.

다. 비애를 암시하면서 현실 속에서 현존재가 이탈하는 이 과정은 2연에서 확대된다. 그리고 시적 자아 'ich'가 나타나고 있는 3연에서는 '날개달린 시간'의 알레고리와 함께 선험적인 영역으로 나아가고 있다. 특히 3연의 마지막 부분의 '고귀하고 찬란한 날개 달고'에서처럼 이 시는 비가Elegie가 아니라 시적 경쾌함을 보이고 있다. 각 연의 마지막 부분을 단조에서 장조로 바꾸는 슈베르트의 가곡도 이 부분을 역시 장조로 변조시키고 있다. 또한 1연의 물결Wellen/작은 배Kahn, 2연의 숲Hain/햇살Schein, 그리고 3연의 날개Flügel/시간Zeit와 같이 a,b,a,b처럼 서로 교차하는 교차각운Kreuzreim을 이루면서 인위적인 단순성을 보이는 것도 이 민요조의 시의 특징이다.

Ach, es entschwindet mit tauigem Flügel
Mir auf den wiegenden Wellen die Zeit.
Morgen entschwindet mit schimmerndem Flügel
Wieder wie gestern und heute die Zeit,
Bis ich auf höherem, strahlenden Flügel
Selber entschwinde der wechselnden Zeit.

—

Franz Schubert, op.72, 1823

아, 시간은 이슬의 날개를 달고
흔들리는 물결 위로 사라져 가는구나.
시간은 내일도 빛나는 날개로
어제와 오늘처럼 다시 사라지겠지.
마침내 나도 고귀하고 찬란한 날개 달고
변화하는 시간을 떠나서 사라지겠지.

—
프란츠 슈베르트, op.72, 1823

9

칼 프리드리히 헤로세

Karl Friedrich Herossee, 1754-1821

—

그대를 사랑해 Ich liebe dich

Ich liebe dich

Ich liebe dich, so wie du mich,
Am Abend und am Morgen,
Noch war kein Tag, wo du und ich
Nicht teilten unsre Sorgen.

Auch waren sie für dich und mich
Geteilt leicht zu ertragen;
Du tröstetest im Kummer mich,
Ich weint in deine Klagen.

Drum Gottes Segen über dir,
Du, meines Lebens Freude.
Gott schütze dich, erhalt dich mir,
Schütz und erhalt und beide.

—

Ludwig van Beethoven, 1797?

그대를 사랑해

그대 나를 사랑하듯, 내 그대를,
저녁에나 아침에나,
그대와 나 우리의 근심을
함께 하지 않은 날이 없었네.

그 근심 견디기 쉬웠네,
그대와 나 함께 나눔으로.
그대는 슬픔 중에도 나를 위로하고
나는 그대의 탄식에 눈물 흘리네.

그러니 하나님의 축복이 그대에게,
그대, 내 삶의 기쁨.
하나님께서 그대를 지키고 보호하시며,
우리 둘을 지키고 보호하시기를.

—
루드비히 판 베토벤, 1797?

10

프리드리히 실러

Friedrich von Schiller, 1759-1805

—

프리드리히 실러

Friedrich von Schiller, 1759-1805

실러는 말바흐 출생의 극작가이자 시인이다. 독실한 기독교 신자였던 부모의 영향으로 어릴 때부터 성직자를 희망하였으나, 13세 때 영주인 카를 오이겐 공의 명령에 따라 군사학교에 입학했다. 여기서 처음 2년 동안 법학을 배운 뒤 의학으로 전공을 바꾸어, 1780년 졸업 후, 연대 부속 군의관으로 재직하였다. 재학 중에도 그는 당시 '슈트름 운트 드랑Sturm und Drang'의 젊은 시인들의 작품을 읽었으며, 특히 괴테의 『젊은 베르테르의 슬픔』과 셰익스피어의 희곡 『오셀로』에 자극을 받아 남몰래 희곡 습작을 하기도 했다. 격렬한 자아주장과 시대비판 감정을 드러내는 처녀작 『군도(群盜)』는 1781년에 익명으로 출판되었는데, 이 작품은 이듬해 만하임 극장에서 초연되어 센세이션을 일으킨다.

그러나 이 사실로 인해 영주의 노여움을 사게 된 실러는 일시 망명하기도 한다. 이후 실러는 정치적 야심가와 공화제의 비극을 그린 『피에스코의 반란』과 비도덕적인 궁정의 횡포에 희생되는 청순한 사랑을 그린 시민비극 『간계와 사랑』을 쓴다. 또 사랑과 우정이 현실 앞에서 좌절하는 비극을 그린 『돈 카를로스』도 이 무렵의 작품이다. 그는 거칠고 파괴적인 산문 스타일을 버리고 『돈 카를로스』를 운문으로 쓰게 되는데, 이는 그가 '슈트름 운트 드랑' 시대와 결별하고 고전주의적 문학양식으로 발전하는 것을 보여준다.

1787년 실러는 괴테, 헤르더, 빌란트 등이 있는 바이마르로 이주하여, 그리스 비극과 칸트철학을 연구했으며, 1789년에 예나대학의 역사학 교수가 된다. 이 시기에 그는 칸트의 철학으로부터 큰 영향을 받아 주관주의적 미학이론을 극복하는 일련의 미학논문을 썼는데, 「우미와 존엄에 관해서Über Anmut und Würde」, 「인간의 미적 교육에 관한 서한Über die ästhetische Erziehung des Menschen」, 「소박 문학과 감상 문학에 관해서Über naive und sentimentalische Dichtung」 등이 중요하다. 실러는 이성과 감성의 조화적 통일을 인간의 인격적 완성으로 보고 그렇게 완성된 인격을 '아름다운 영혼'이라 했다. 그리고 근대인이 '아름다운 영혼'에 이르는 길은 예술에 의한 미적 교육뿐이라고 주장함으로써 예술의 의미를 강조한다. 이러한 인식에는 프랑스 대혁명의 폭력성에 대한 환멸과 인간에 대한 폭넓은 이해가 그 바탕을 이루고 있다. 즉 인간이 예술 교육을 통해 인격적으로 성숙할 때 진정한 사회변혁에 이를 수 있다는 것이다.

1794년 여름 괴테와 실러는 급속하게 친해져, 이후 실러가 죽을 때까지 11년 동안 두 시인은 변함없는 우정으로 협력하여 독일 고전주의의 꽃을 피운다. 주로 1795년부터 99년 사이에 쓰인 그의 사상시들은 유한한 인간 운명과 잃어버린 자연을 비가적인 톤으로 노래하거나, 이상 영역에서의 기쁨을 찬가적으로 읊고 있다. 「이상과 삶Das Ideal und das Leben」, 「산책Der Spaziergang」, 「정령Der Genius」, 「이상Die Ideale」 등이 여기에 속한다. 실러는 1796년 가을부터 30년 전쟁을 배경으로 한 사극 『발렌슈타인』 3부작에 착수하여 99년에 완성했고, 이후 『마리아 슈투아르트』, 『오를레앙의 처녀』, 『메시나의 신부』, 『빌헬름 텔』 등 드라마의 걸작들을 계속 출간한다. 실러는 그 고결한 이상주의적 정신으로 오늘날에도 괴테와 나란히 존경받는 독일 고전주의의 대표 시인이다. 오랜 망명생활로 실러는 46세의 젊은 나이로 사망한다. 그가 출생한 말바흐에 실러의 생가가 보존되어 있고, 실러 국민박물관이 있다.

「환희의 송가An die Freude」는 베토벤의 제9번 교향곡의 합창 텍스트로 잘 알려진 시이다. 실러가 만하임에서 물질적으로 어려웠던 무렵, 드레스덴의 그의 친구들은 그를 드레스덴으로 초청하여 경제적 걱정을 잊게 해준다. 이러한 상황에서 1785년에 쓰인 이 송가는 자유, 사랑, 삶의 기쁨을 노래하면서 인류의 미래에 기대를 걸고 있다. 이 시는 〈질풍노도〉 시기의 시민계급이 추구하는 인간의 이성과 세계상을 표현하고 있다. 1796년 쓰인 「이국 소녀Das Mädchen aus der Fremde」는 슈베르트에 의해 작곡된다. 1801년에 쓰인 「동경Sehnsucht」은 이상의 동경을 표현하고 있다. 「순례자Der Pilgrim」는 실러가 죽기 2년 전인 1803년에 썼던 시로 이상과 현실의 괴리를 노래하고 있다. 오르페우스 신화, 아도니스 신화, 아킬레스 신화에 나오는 신화적 인물의 죽음을 애도하는 조가 형식인 「비가Nänie」는 비가Elegie의 운율형식인 디스티콘Distichon (Hexameter 한 행과 Pentameter 한 행으로 이루어진 형식)으로 되어 있다. 실러의 비가는 괴테의 비가와 더불어 고전주의 비가의 대표작으로, 문학 중 가장 고상한 문체인 비가 속에서 고전주의 미의 소생을 형상화하고 있다.

An die Freude

(O Freunde, nicht diese Töne!
Sondern laßt uns angenehmere anstimmen,
Und freudenvollere.)

Freude, schöner Götterfunken,
Tochter aus Elysium,
Wir betreten feuertrunken,
Himmlische, dein Heiligtum.
Deine Zauber binden wieder,
Was die Mode streng geteilt;
Alle Menschen werden Brüder,
Wo dein sanfter Flügel weilt.

Wem der grosse Wurf gelungen,
Eines Freundes Freund zu sein;
Wer ein holdes Weib errungen,
Mische seinen Jubel ein!
Ja — wer auch nur eine Seele
Sein nennt auf dem Erdenrund!
Und wer's nie gekonnt, der stehle
Weinend sich aus diesem Bund!

● 1785년에 쓰인 이 시는 실러의 시 중에서 가장 유명한 송가Ode에 속한다. 이 시는 실러와 가장 친하고, 가장 많은 영향을 주었던 친구 중에 하나인 크리스티안 고트프리트 케르너Christian Gottfried Körner(1756-1831)와 맺어진 새로운 우정을 직접적으로 표현한 것이다. 실러는 드레스덴에 있던, 종교국 평정관이자 프러시아의 고위행정관인 케르너의 집에서 2년간

환희의 송가

(오 친구들, 이런 소리가 아니라!
더욱 아늑하고, 더욱 환희에 찬
노래를 울리자.)

환희여, 아름다운 신의 불꽃이여,
이상향의 딸이여,
우리는 불꽃에 취하여
천상의 신들, 그대의 성소에 들어서노라!
그대의 신비한 능력은 시류가
엄하게 갈라놓은 것을 다시 결합시키며,
모든 사람들이 형제 되네.
그대의 부드러운 날개 펼쳐진 곳에서.

각 사람이 서로에게 친구 되는
원대한 계획을 달성한 자,
아름다운 여인을 얻은 자,
함께 어울려 환호 하여라!
그렇다, — 이 세상에서 오직 한 영혼이라도
자기 것이라고 부를 수 있는 자도!
하지만 이렇게 할 수 없는 자는
울면서 우리의 결속에서 물러나야 하리.

(1785-1787) 머무른 적이 있는데, 이 시는 그와의 우정뿐 아니라, 평등한 시회에서의 이념을 송축하고 있다. 1연에서 "모든 사람들이 형제되네"와 5연의 "백만 사람들아, 서로 포옹하라"는 바로 그러한 이념을 노래하고 있다. 나중에 케르너는 1812년부터 4년 동안 실러 전집을 발행한다.

Freude trinken alle Wesen
An den Brüsten der Natur,
Alle Guten, alle Bösen
Folgen ihrer Rosenspur.
Küsse gab sie uns und Reben,
Einen Freund, geprüft im Tod.
Wollust ward dem Wurm gegeben,
Und der Cherub steht vor Gott.

Froh, wie seine Sonnen fliegen,
Durch des Himmels prächt'gen Plan,
Laufet, Brüder, eure Bahn,
Freudig wie ein Held zum Siegen.

Seid umschlungen, Millionen!
Diesen Kuß der ganzen Welt!
Brüder - überm Sternenzelt
Muß ein lieber Vater wohnen.

Ihr stürzt nieder, Millionen?
Ahnest du den Schöpfer, Welt?
Such ihn überm Sternenzelt,
Über Sternen muß er wohnen.

—

Ludwig van Beethoven, 9. Symphonie, Ⅳ Satz, op.125
Franz Schubert, op.111 Ⅰ, 1815

모든 존재가 환희를 마시며,
자연의 가슴에 안겨서,
착하거나 악하거나 모든 존재가
장미꽃 자취를 따르노라.
자연은 입맞춤과 포도를 우리에게 주었고
죽음의 시련을 마친 친구를 주었네.
벌레에게조차 쾌락을 허락하였으니,
천사는 하나님 앞에 서 있도다.

즐겁게, 하나님의 태양들이
하늘의 찬란한 계획을 따라 날아가듯
달려라, 형제들아, 그대들의 길을,
승리를 향해 가는 영웅처럼, 기쁘게.

백만 사람들아, 서로 포옹하라!
이 입맞춤은 온 세상을 위한 것이리!
형제들아, - 별 빛나는 창공 위에는
사랑의 아버지께서 거하시나니.

백만 사람들아, 무릎 꿇었는가?
세계여, 창조주의 존재를 느끼는가?
별 빛나는 창공 위에서 주를 찾아라,
별들 너머에 분명히 창조주께서 거하시네.

루드비히 판 베토벤, 교향곡 9번 제 4악장, op.125
프란츠 슈베르트, op.111 I, 1815

Das Mädchen aus der Fremde

In einem Tal bei armen Hirten
Erschien mit jedem jungen Jahr,
Sobald die ersten Lerchen schwirrten,
Ein Mädchen, schön und wunderbar.

Sie war nicht in dem Tal geboren,
Man wußte nicht, woher sie kam,
Und schnell war ihre Spur verloren,
Sobald das Mädchen Abschied nahm.

Beseligend war ihre Nähe,
Und alle Herzen wurden weit,
Doch eine Würde, eine Höhe
Entfernte die Vertraulichkeit.

Sie brachte Blumen mit und Früchte,
Gereift auf einer andern Flur,
In einem andern Sonnenlichte,
In einer glücklichen Natur.

Und teilte jedem eine Gabe,
Dem Früchte, jenem Blumen aus,
Der Jüngling und der Greis am Stabe,
Ein jeder ging beschenkt nach Haus.

이국 소녀

해마다 첫 종달새가
날갯짓 소리내는 봄,
어느 계곡의 가난한 목동들에게
더없이 아름다운 소녀가 나타났네.

그 계곡에서 태어나지 않은 소녀,
어디서 왔는지 아무도 몰랐고,
그 소녀가 작별을 고하자,
그녀의 발자취 찾을 길 없었네.

그녀의 가까움은 행복이어서,
모든 마음은 넓어졌으되,
위엄 있는 고귀한 자태로
허물없이 대할 수는 없었네.

그녀가 가져온 꽃과 과일들은
다른 들에서 자라난 것이라네,
여기와는 다른 햇빛을 받으며
보다 더 행복한 자연 속에서.

모두에게 하나씩 선사하니,
이이에겐 과일을, 저이에겐 꽃을,
젊은이도, 지팡이를 의지한 늙은이도,
모두가 선물 안고 집으로 돌아갔네.

Willkommen waren alle Gäste,
Doch nahte sich ein liebend Paar,
Dem reichte sie der Gaben beste,
Der Blumen allerschönste dar.

—

Johann Friedrich Reichardt, ED, 1778
Franz Schubert, 1815

찾아오는 손님 모두 환대를 받았지만,
사랑하는 한 쌍이 다가오자,
그 중에서도 제일 좋은 선물을 주었으니,
꽃 중에서 제일 아름다운 꽃이었네.

—

요한 프리드리히 라이하르트, ED, 1778
프란츠 슈베르트, 1815

Des Mädchens Klage

Der Eichwald brauset,
Die Wolken ziehn,
Das Mägdlein sitzet
An Ufers Grün,
Es bricht sich die Welle mit Macht, mit Macht,
Und sie seufzt hinaus in die finstre Nacht,
Das Auge vom Weinen getrübet.

"Das Herz ist gestorben,
Die Welt ist leer,
Und weiter gibt sie
Dem Wunsche nichts mehr.
Du Heilige, rufe dein Kind zurück,
Ich habe genossen das irdische Glück,
Ich habe gelebt und geliebet!"

Es rinnet der Tränen
Vergeblicher Lauf,
Die Klage, sie wecket
Die Toten nicht auf,
Doch nenne, was tröstet und heilet die Brust
Nach der süßen Liebe verschwundener Lust,
Ich, die himmlische, wills nicht versagen.

소녀의 탄식

떡갈나무 숲이 소리내고,
구름은 지나가는데,
그 소녀 강변 풀밭에
앉아 있네.
파도가 힘껏 부서지는데, 힘껏,
그녀는 어두운 밤 지나도록 탄식하네,
눈물로 눈이 침침해진 채.

"마음은 죽었다오,
이 세상은 공허해,
바라는 것 이루어지지 않으니.
그대 성자여, 그대의 아이를 도로 불러주오,
나 이 세상 행복 맛보았고,
나 살며, 사랑했으니!"

눈물이 흘러내리네,
하염없이,
그 탄식이 죽은 자를
깨우지는 못하지만,
마음을 위로하고 치유하는 건 무언지 말하게나
달콤한 사랑이 사라진 쾌락 뒤에,
나, 천상의 사랑, 단념하지 않겠어요.

"Laß rinnen der Tränen
Vegeblichen Lauf,
Es wecke die Klage
Den Toten nicht auf,
Das süßeste Glück für die traurende Brust,
Nach der schönen Liebe verschwundener Lust,
Sind der Liebe Schmerzen und Klagen."

—

Franz Schubert, op.58 Nr.3, 1816

"눈물을 흘리게 해주오
하염없이,
이 탄식이 죽은 자를
깨우지는 못하지만,
달콤한 사랑이 사라진 쾌락 뒤에,
탄식하는 가슴에 달콤한 행복은
사랑의 고통이며 탄식이지요."

—
프란츠 슈베르트, op.58 Nr.3, 1816

Sehnsucht

Ach, aus dieses Tales Gründen,
Die der kalte Nebel drückt,
Könnt ich doch den Ausgang finden,
Ach wie fühlt ich mich beglückt!
Dort erblick ich schöne Hügel,
Ewig jung und ewig grün!
Hätt ich Schwingen, hätte ich Flügel,
Nach den Hügeln zög ich hin.

Harmonien hör ich klingen,
Töne süßer Himmelsruh,
Und die leichten Winde bringen
Mir der Düfte Balsam zu,
Goldne Früchte seh ich glühen,
Winkend zwischen dunkelm Laub,
Und die Blumen, die dort blühen,
Werden keines Winters Raub.

Ach wie schön muß sichs ergehen
Dort im ewgen Sonnenschein,
Und die Luft auf jene Höhen,
O wie labend muß sie sein!
Doch mir wehrt des Stromes Toben,
Der ergrimmt dazwischen braust,
Seine Wellen sind gehoben,
Daß die Seele mir ergraust.

동경

아, 차가운 안개가 짓누르는
이 계곡을 벗어날
출구를 찾을 수 있다면,
아 나 얼마나 행복하다 느낄까!
거기서 내 아름다운 언덕을 보리,
영원히 새롭고 푸르른 언덕을!
내 날개 있다면, 내 날개 있다면,
저 언덕으로 날아가리.

조화로운 곡조 들려오니,
달콤한 하늘나라 안식의 가락이로다.
가벼운 바람 내게
위로의 향기를 보내주네.
황금빛 열매가 이글거리며,
어두운 나뭇잎 사이로 손짓하니,
거기 피어있는 꽃들은
겨울에도 시들지 않으리.

아, 거기 영원한 햇빛 속에선,
얼마나 아름다울 것인가,
저 언덕 위에 부는 바람은
얼마나 상쾌할 것인가!
하지만 격노한 듯 그 사이에서 요동치는
광란의 강물이 나를 가로막고,
물결이 드높게 솟구치니,
내 마음 공포에 사로잡히네.

Einen Nachen seh ich schwanken,
Aber ach! der Fährmann fehlt.
Frisch hinein und ohne Wanken,
Seine Segel sind beseelt.
Du mußt glauben, du mußt wagen,
Denn die Götter leihn kein Pfand,
Nur ein Wunder kann dich tragen
In das schöne Wunderland.

—

Franz Schubert ca.1819

작은 배가 흔들거리고 있네.
하지만 아! 사공이 없구나.
힘차게 뛰어들고 겁내지 말지니,
그 돛엔 생명이 넘치니.
그대 믿어야 하리. 두려워하지 않아야 하리.
신들이 증표를 주진 않기 때문이니.
기적만이 그대를 실어다 줄 수 있으리.
저 아름다운 놀라운 나라로.

—
프란츠 슈베르트, 1819경

Nänie

Auch das Schöne muß sterben! Das Menschen und Götter bezwinget,
Nicht die eherne Brust rührt es des stygischen Zeus.
Einmal nur erweichte die Liebe den Schattenbeherrscher,
Und an der Schwelle noch, streng, rief er zurück sein Geschenk.
Nicht stillt Aphrodite dem schönen Knaben die Wunde,
Die in den zierlichen Leib grausam der Eber geritzt.
Nicht errettet den göttlichen Held die unsterbliche Mutter,
Wann er, am skäischen Tor fallend, sein Schicksal erfüllt.
Aber sie steigt aus dem Meer mit allen Töchtern des Nereus,
Und die Klage hebt an um den verherrlichten Sohn.
Siehe! da weinen die Götter, es weinen die Göttinnen alle,
Daß das Schöne vergeht, daß das Vollkommene stirbt.
Auch ein Klaglied zu sein im Mund der Geliebten ist herrlich,
Denn das Gemeine geht klanglos zum Orkus hinab.

—

Johannes Brahms, op.82(Chor), 1881

● 1799년에 쓰인 이 비가는 '아름다움의 죽음'을 노래하고 있다. 이 비가에는 세 가지 그리스 신화가 묘사되어 있는데, 고대 그리스 이래로 모든 시인의 이상형인 오르페우스Orpheus와 그의 아내 에우리디케Eurydike 신화, 미소년인 아도니스Adonis 신화, 그리고 아킬레스 신화Achilles가 그것이다. 우선 이 비가의 2-4행은 오르페우스 신화를 노래하고 있다. 전설적인 악사 오르페우스는 독사에 물려 죽은 아내 에우리디케를 저승에서 다시 데려오기 위해 '명부의 제우스'로 묘사된 하데스Hades에게로 가서 하프를 켜서 그를 감동시킨다. 이어서 그는 아내를 돌려줄 것을 간청하자, 이에 하데스는 허락한다. 하지만 지상세계로 나가기 전에는 뒤를 돌아보아서는 안된다는 하데스의 명을 잊고, 오르페우스는 뒤따라오는 에우리디케를 뒤돌아보았는데, 이에 하데스를 그녀를 다시 지하세계로 되돌아오게 한다. 4행의 '문턱'은 지상세계와 지하세계의 경계를 가리킨다. 이 시의 5-6행은 아도니스Adonis신화를 언급하고 있다. 아도니스의 탄생신화는 어머니 미라Myrrha의 근친상관과 관계가 있는데, 이를 미의 여신인 아프로디테Aphrodite (로마신화의 비너스Venus)가 부추긴다. 이렇게 태어난 미소년 아도니스는 아프로

비가

아름다운 것도 죽어야 하다니! 인간과 신들을 제압하는 아름다움도
명부에 있는 제우스의 완고한 마음을 감동시키지 못하도다.
단 한번 사랑이 명부의 지배자의 마음을 녹이긴 했으나,
명부를 벗어날 때 그는 준엄하게, 자신이 내준 선물을 되불러 들었네.
아프로디테도 아름다운 소년의 상처를 치유하지 못하네,
멧돼지가 잔인하게 그 우아한 몸에 할퀴어 낸 상처를.
불멸의 어머니도 신적인 영웅을 구하지 못하네,
그가 트로이 성문 옆에 쓰러져 자신의 운명을 다하려할 때.
그러나 그녀는 네레우스의 모든 딸들과 함께 바다에서 올라오니,
영광된 아들을 위한 애도가 시작되는구나.
보라! 저기 신들도 울고 여신들도 모두 울고 있도다,
아름다운 것이 사라지고, 완전한 것이 죽어 가기에.
사랑하는 사람들의 입에서 비가로 남는 것도 훌륭하여라,
비천한 것은 소리도 없이 명부로 내려가기 때문에.

—

요하네스 브람스, op.82(합창곡), 1881

디테와 하데스의 아내인 페르세포네Persephone의 사랑을 동시에 받는다. 제우스의 중재에도 불구하고 아프로디테가 아도니스를 거의 독차지하려고 하자, 이에 분개한 페르세포네는 아프로디테의 정부인 무신(武神) 아레스Ares에게 이를 알린다. 질투가 난 아레스는 멧돼지로 변해 사냥을 나온 아도니스를 물어 죽인다. 아프로디테가 죽은 아도니스의 몸에 신들의 불로장생주인 넥타nectar를 뿌리자 그의 피에서 검붉은 아네모네 꽃이 피었다고 한다. 그리고 7-10행은 트로이 전쟁의 장수 아킬레스 신화를 묘사하고 있다. 9행의 네레우스Nereus는 폰투스Pontus와 가이아Gais의 아들인 에게 바다의 신이다. 네레우스의 50명의 딸 중의 하나였던 아킬레스의 어머니 테티스Thetis는 트로이전쟁에서 파리스Paris에 의해 숨진 아들 아켈레스의 죽음을 애도하기 위해 자매들을 모두 바다에서 데리고 나와서 상을 치른다. 그후 그녀는 아들의 재를 황금항아리에 담아 기념관을 만든다. 이 비가는 이러한 고대 그리스의 고전적 아름다움의 죽음을 노래하고 있다. 원래 비가의 장르적 특성처럼, 이 시는 고대 그리스의 '고전적 아름다움'의 죽음을 문학적으로 극복하는 데에서 형상화하고 있다.

11

프리드리히 폰 마티손

Friedrich von Matthisson, 1761-1831

—

회상 Andenken

프리드리히 폰 마티손

Friedrich von Matthisson, 1761-1831

막데부르크 근교에서 기독교 목사의 아들로 태어난 마티손은 태어나기 몇 주 전, 부친이 사망한다. 어머니가 경제력이 없었기에 그는 친척집에 맡겨져, 고모와 할아버지를 의지하게 된다. 할아버지 댁에서 그는 고대어를 학습한다. 그러나 1773년에 고모와 할아버지가 죽자, 그는 엄격하고 형편없기로 소문난 클로스터베르게의 공립학교를 다니게 된다.

어린 시절부터 그는 엄청난 독서가였다. 클롭슈톡, 빌란트, 레싱 등 당대의 위대한 작가들에서 외국문학, 또 당시에 유행했던 대중문학까지 가리지 않고 읽었다.

1778년-1781년까지 마티손은 할레에서 신학과 철학을 공부한다. 클롭슈톡을 존경하는 마음이 열광적으로 변하여 그를 모방하는 시를 쓰기도 한다. 그는 데사우에서 원했던 교사직을 얻기도 했으나 1783년에 시설이 폐쇄된 후에는 가정교사나 여행안내원으로 돈을 벌었다. 1793년에 그는 데사우의 루이제 후작부인 궁정의 여관(女官)이었던 루이즈Louse von Glafey와 취리히에서 결혼하지만 1797년에 이혼하고 그 사이에 태어난 아들도 죽고 만다. 그러나 후작부인은 나중에 그의 고용주이며 후원자가 된다. 1795년부터 마티손은 후작부인을 위해 1811년 그녀가 죽을 때까지 사교 담당자, 책 읽어주는 사람, 무엇보다도 여행 동반자로 일하게 된다. 1810년에 그는 루이제 쇼흐Luise Schoch와 결혼하고 후작 부인이 죽은 뒤에는 뷔르템베르크 공작 프리드리히 2세Friedrich Ⅱ. von Württemberg를 위해 일한다. 그 당시 시인들의 사회적 위상을 생각할 때 궁정에서 안정된 일자리를 찾았다는 것은 행운이었다고 할 수 있다.

마티손 시의 운율은 상당히 안정적이며 때로는 유치할 정도로, 단조롭다. 고전적인 형식 요소들을 모방하여 패러디를 만들 정도로 그의 재능은 뛰어났다. 고전적인 문화요소들과 섞인 그의 감상주의는 사랑, 우정, 자연을 시의 소재로 삼았다. 이런 경향은 현실을 떠나고 싶은 욕구를 가진 동시대 시인들에게 받아들여졌고, 이 점에서 그는 유행작가가 되었다. 그의 시들은 오랫동안 인기를 누렸지만, 자유 전쟁을 겪은 시인들과 비엔나의 슐레겔Schlegel파 시인들에 의해 거부당한다.

Andenken

Ich denke dein,
wenn durch den Hain
der Nachtigallen
Akkorde schallen!
Wann denkst du mein?

Ich denke dein
im Dämmerschein
der Abendhelle
am Schattenquelle!
Wo denkst du mein?

Ich denke dein
mit süßer Pein
mit bangem Sehnen
und heißen Tränen!
Wie denkst du mein?

O denke mein,
bis zum Verein
auf besserm Sterne!
In jeder Ferne
denk' ich nur dein!

—

Ludwig van Beethoven, 1809
Hugo Wolf, 1877

회상

나 너를 생각하네,
숲에서
나이팅게일의
화음 울려올 때!
너 언제 나를 생각하는지?

나 너를 생각하네,
저녁 햇살이
어두워져 갈 때
그늘진 샘가에서!
너 어디서 나를 생각하는지?

나 너를 생각하네,
감미로운 고통으로
불안한 그리움으로
그리고 뜨거운 눈물로!
너 어떻게 나를 생각하는지?

오 나를 생각해다오,
더 나은 별에서
만날 때까지!
아무리 멀리 있어도
나 오직 너만을 생각하네!

—
루드비히 판 베토벤, 1809
후고 볼프, 1877

12

게오르크 필립 슈미트 폰 뤼벡

Georg Philipp Schmidt von Lübeck, 1766-1849

—

방랑자 Der Wanderer

게오르크 필립 슈미트 폰 뤼벡

Georg Philipp Schmidt von Lübeck, 1766-1849

슈미트는 상인이었던 아버지를 따라 1786-1790년에 법학과 재정학을 공부하고 부모님 사후에는 의학을 전공했다. 1797년에 학위를 따고 바르샤바에서 의사 개업을 했고, 1802년부터는 코펜하겐에서 덴마크 재정장관 쉽멜만Schimmelmann의 비서로 일하기도 했다. 1802년부터 은퇴할 때까지 그는 금융과 무역 영역에서 중요한 자리들에서 활동했다.

그는 문인들과의 만남을 통해 자극을 받아 부차적으로 시작 활동을 한다. 그가 만난 문인들로는 헤르더, 빌란트, 괴테, 실러 등이 있고 코펜하겐에서 지식인 엘리트들과 교류하기도 했다. 시인으로서 그는 괴팅겐 〈숲의 단체〉 시인들을 본받아 시들을 썼는데 대부분이 가곡 형식이었다. 그 중 몇 작품은 민족적인 색채를 띄어 대중적 인기를 얻었으며, 여러 차례 작곡되기도 했다. 그 대표적인 것이 슈베르트의 「방랑자Der Wanderer」이다.

Der Wanderer

Ich komme vom Gebirge her,
Es dampft das Tal, es braust das Meer
Ich wandle still, bin wenig froh,
Und immer fragt der Seufzer: wo?
Immer wo?

Die Sonne dünkt mich hier so kalt,
Die Blüte welk, das Leben alt,
Und was sie reden, leerer Schall,
Ich bin ein Fremdling überall.

Wo bist du, mein geliebtes Land?
Gesucht, geahnt und nie gekannt!
Das Land, das Land, so hoffnungsgrün,
Das Land, wo meine Rosen blühn,

Wo meine Freunde wandeln gehn,
Wo meine Toten auferstehn,
Das Land, das meine Sprache spricht,
O Land, wo bist du?

방랑자

나 산에서 내려왔네.
계곡은 안개 쌓이고 바다는 물결치는데,
나는 조용히 거닐지만, 즐겁지 않네,
탄식하는 자는 계속 물어보네, 어디지?
도대체 어디야?

여기서는 태양이 내게 차갑게 느껴지네,
꽃은 시들었고, 인생은 늙었으며
사람들의 말은 공허한 울림일 뿐,
어디서나 나는 이방인이라네.

어디에 있나, 사랑하는 나의 나라는?
아무리 찾고 생각해도, 알 수 없구나!
그 나라, 희망으로 푸른 그 나라,
내 장미꽃들이 피는 그 나라,

나의 친구들이 거닐고 있고,
나를 두고 죽어간 이들이 소생하고,
나의 언어로 말하는 그 나라,
오, 너는 어디에 있나?

Ich wandle still, bin wenig froh,
Und immer fragt der Seufzer: wo?
Immer wo?
Im Geisterhauch tönt's mir zurück:
"Dort, wo du nicht bist, dort ist das Glück!"

—

Franz Schubert, op.4 Nr.1, 1816

나는 조용히 거닐지만 즐겁지 않네,
한숨만이 계속 물어보네, 어디지?
도대체 어디지?
마음의 숨결 속에서 내게 들리는 소리,
"네가 없는 바로 그곳에 행복이 있다!"

—

프란츠 슈베르트, op.4 Nr.1, 1816

13

월터 스코트

Walter Scott, 1771-1832

—

아베 마리아 Ave Maria

월터 스코트

Walter Scott, 1771-1832

스코틀랜드 작가 월터 스코트는 법률고문의 아들로, 에딘버그에서 법률을 공부한 후 아버지의 사무실에서 일하였다. 독일 낭만주의의 영향하에 그는 뷔르거G.A. Bürger의 담시와 괴테의 『괴츠 폰 베를리힝엔』 등을 번역하였다. 그리고 스코틀랜드의 민속 담시를 수집하여 『스코틀랜드 변경의 음유시인의 노래Minstrelsy of the Scottisch border(1802-03)』라는 제목으로 출판한다. 그는 민요조의 설화시 『마지막 음유시인의 노래The lay of the last minstrel(1805)』, 『호수의 미녀The lady of the lake(1810)』로 큰 성공을 거두었으며, 이로써 바이런 경Lord Byron과 경합을 벌이게 된다. 1814년 박진감 넘치는 역사를 묘사한 대작 『웨이벌리Waverly』로 그는 역사 소설의 창시자가 된다. 그는 내용으로는 역사적 사건을 신중하게 배경으로 택한 반면, 소설의 주인공은 이 역사적 실제사건에 빠지게 되는 허구의 인물로 설정하여 이야기를 구성하고 있다. 그의 광대한 역사 파노라마가 펼쳐지는 장소는 주로 18세기의 스코틀랜드, 중세 영국, 그리고 르네상스 시대와 14세기의 프랑스이다. 역사소설 이외에 드라이든J. Dryden과 스위프트J. Swift에 대한 전기나 『스코틀랜드의 역사History of Schotland』, 『스코틀랜드의 지방 유물Provincial antiquities of Schotland』 같은 역사에 대한 저작들도 남겼다.

슈베르트의 유명한 노래 「아베마리아」는 『호수의 미녀』에서 소녀 엘렌이 전쟁터에 있는 자신의 부족을 보호해 달라고 드리는 기도 장면에서 음악적 영감을 얻은 것이다. 아담 슈토르크D. Adam Storck의 독일어 번역에 곡을 붙였다.

Ave Maria

Ave Maria! Jungfrau mild,
Erhöre einer Jungfrau Flehen,
Aus diesem Felsen starr und wild
Soll mein Gebet zu dir hin wehen.

Wir schlafen sicher bis zum Morgen,
Ob Menschen noch so grausam sind.
O Jungfrau, sieh der Jungfrau Sorgen,
O Mutter, hör ein bittend Kind.

Ave Maria unbefleckt!
Wenn wir auf diesen Fels hinsinken
Zum Schlaf, und uns dein Schutz bedeckt,
Wird weich der harte Fels uns dünken.

Du lächelst, Rosendüfte wehen
In dieser dumpfen Felsenkluft.
O Mutter, höre Kindes Flehen,
O Jungfrau, eine Jungfrau ruft!

Ave Maria! Reine Magd!
Der Erde und der Luft Dämonen,
Von deines Auges Huld verjagt,
Sie können hier nicht bei uns wohnen.

아베 마리아

아베 마리아! 자비로우신 동정녀여,
소녀의 간청을 들으소서,
이 거칠고 험한 바위틈에서
제 기도 당신께 드리옵나니.

비록 인간은 참으로 잔인하지만,
우리를 아침까지 편히 쉬게 하소서.
오 동정녀여, 소녀의 근심을 보소서,
오 성모여, 아이의 기도 들으소서.

아베 마리아, 흠 없는 분이여!
우리가 바위에 쓰러져
잠을 청할 때 우리를 보호하시면,
거친 바위도 우리에겐 부드러우니.

당신께서 미소 지으시니 장미 향기가
이 갑갑한 바위틈에 불어옵니다.
오 성모여, 아이의 기도 들으소서,
오 동정녀여, 소녀가 부르짖나이다!

아베 마리아! 순결한 처녀여!
땅과 공중의 마귀들을
당신의 자애로운 눈빛으로 쫓으사,
여기 우리 곁에 머물지 못하게 하소서.

Wir woll'n uns still dem Schicksal beugen,
Da uns dein heilger Trost anweht;
Der Jungfrau wolle hold dich neigen,
Dem Kind, das für den Vater fleht!
Ave Maria!

—

Franz Schubert, op.52 Nr.4, 1825

우리는 조용히 운명에 복종하오니,
당신의 성스러운 위로를 보내주소서,
당신 앞에 고개 숙인 소녀에게,
아버지를 위해 간구하는 아이에게!
아베 마리아!

—

프란츠 슈베르트, op.52 Nr.4, 182

14

칼 고트리프 라페

Carl Gottlieb Lappe, 1773-1843

—

저녁 놀 Im Abendrot

외로운 자 Der Einsame

칼 고트리프 라페

Carl Gottlieb Lappe, 1773-1843

라페는 독일 북부 발트해에 면한 옛 독일제국의 한 지역인 폼머른Pommern의 서정시인 중 재능 있는 시인이다. 부스터후젠Wusterhusen(볼가스트와 그라이프스발트 사이에 있는 마을)에서 목사였던 아버지의 막내아들로서 태어났고, 슈트랄준트Stralsund에서 70년의 생을 마쳤다. 그가 초등학교를 다니기 전에 아버지가 이미 요절하였다. 1790년부터는 그라이프스발트Greifswald에 있는 대학교를 다니면서 신학과 철학을 공부하고, 평론가이자 문인인 에른스트 모리츠 아른트Ernst Moritz Arndt와 교우관계를 맺는다.

학업을 마친 후 그는 8년간 가정교사로서 활동을 한다. 1801년에 그는 김나지움 교사 자리를 구하고 결혼을 하고, 학생들을 위해 문학잡지를 만든다. 그는 많은 작품을 남겼는데, 이 작품들 중 1813년에 만들어진 것들이 많이 있다.

그는 병이 걸려서 1817년 교사의 직을 그만두게 된다. 퓌테Pütte에 머물면서 그는 자녀들을 양육하면서 저술활동에 몰두한다. 이 시기는 그에게 아주 행복한 시기였고, 이 기간 중에 그는 많은 시를 쓴다. 1820년에 그는 『폼머른의 책Pommernbuch』을 썼고, 1824년에서 1829년 동안에는 『칼 L.의 노트Blätter von Karl L.』을, 그리고 1836년에는 『문학전집Sämtliche poetische Werke』을 출간한다. 1824년 3월 10일 그는 살던 집과 서재 등 많은 저작물이 화재로 소실되지만, 그를 고향작가로 여긴 많은 사람들의 도움으로 새로운 집을 짓는다.

자녀들이 성장하자 그는 1842년 가을 퓌테의 집을 팔고 슈트랄준트로 이사

한다. 이듬해 그는 세상과 이별하게 된다. 그의 묘비명에는 자신이 쓴 시의 한 구절이 적혀 있는데, 이는 "잠 또는 죽음 - 여명이 밝게 비친다"이다. 그의 시 「어쨌든 So oder so」는 루드비히 폰 베토벤이 곡을 붙였다.

Im Abendrot

O wie schön ist deine Welt,
Vater, wenn sie golden strahlet!
Wenn dein Glanz herniederfällt,
Und den Staub mit Schimmer malet,
Wenn das Rot, das in der Wolke blinkt,
In mein stilles Fenster sinkt!

Könnt ich klagen, könnt ich zagen?
Irre sein an dir und mir?
Nein, ich will im Busen tragen
Deinen Himmel schon allhier.
Und dies Herz, eh es zusammenbricht,
Trinkt noch Glut und schlürft noch Licht.

—

Franz Schubert, 1824

저녁 놀

오 당신의 세계는 얼마나 아름다운지요!
아버지, 온 세상이 금빛으로 빛날 때,
당신의 광채가 지상으로 내려와서
은은한 빛으로 흙을 물들일 때,
구름 속에서 반짝이는 붉은 빛이
고요한 저의 창으로 다가올 때!

어찌 슬퍼하며 주저할 수 있나요?
어찌 당신과 저의 존재를 의심할 수 있나요?
아닙니다, 저는 당신의 하늘을
바로 이 가슴속에 간직하렵니다.
그리고 이 가슴이 부서지는 그 날까지
당신의 열기와 빛을 마시렵니다.

—
프란츠 슈베르트, 1824

Der Einsame

Wann meine Grillen schwirren,
Bei Nacht, am spät erwärmten Herd,
Dann sitz ich mit vergnügtem Sinn
Vertraulich zu der Flamme hin,
So leicht, so unbeschwert.

Ein trautes, stilles Stündchen
Bleibt man noch gern am Feuer wach,
Man schürt, wann sich die Lohe senkt,
Die Funken auf und sinnt und denkt:
Nun abermal ein Tag!

Was Liebes oder Leides
Sein Lauf für uns dahergebracht,
Es geht noch einmal durch den Sinn;
Allein das Böse wirft man hin,
Es störe nicht die Nacht.

Zu einem frohen Traume
Bereitet man gemacht sich zu,
Wann sorgenlos ein holdes Bild
Mit sanfter Lust die Seele füllt,
Ergibt man sich der Ruh.

외로운 자

귀뚜라미 울면,
밤에, 늦게 불 지펴진 화로 가에서,
나 유쾌한 마음으로 앉아
다소곳이 불꽃 쪽으로
아주 편안하게, 아무런 근심 없이.

아늑하고 조용한 시간에
불가에 즐겁게 깨어 있네.
불꽃이 사그라지면 다시 지피며.
불꽃은 위로 오르며, 명상하며, 생각하네.
또다시 하루가 지난 것을!

사랑과 근심이
우리에게 가져다주는 것은,
다시 우리의 마음에 스쳐가네.
다만 나쁜 것만 떨쳐버리면,
밤을 어지럽히지 못하리.

즐거운 꿈을
꾸기를 바라며 준비를 하네.
근심 없이 우아한 모습이
즐겁게 마음을 가득 채울 때,
잠에 빠져드네.

O wie ich mir gefalle
In meiner stillen Ländlichkeit!
Was in dem Schwarm der lauten Welt
Das irre Herz gefesselt hält,
Gibt nicht Zufriedenheit.

Zirpt immer, liebe Heimchen
In meiner Klause eng und klein.
Ich duld' euch gern: ihr stört mich nicht
Wann euer Lied das Schweigen bricht
Bin ich nicht ganz allein.

—

Franz Schubert, op. 41, 1825

오 나 얼마나 마음이 뿌듯한가,
이 조용한 시골풍경에!
소란한 세상의 어수선함 속에서
어지러운 마음은 억매여 있고,
만족함이 없으니.

찌륵 찌륵 우는 귀뚜라미야,
이 좁은 조그만 암자에서.
나 너희들 쾌히 견딜 수 있으리, 방해가 되지 않으니.
너희들의 노래가 침묵을 깨트릴 때,
나는 결코 혼자가 아니니.

—

프란츠 슈베르트, op. 41, 1825

15

클레멘스 브렌타노

Clemens Brentano, 1778-1842

—

오 차가운 숲 O kühler Wald

산들거려라, 사랑스러운 미르테여! Säusle, liebe Myrte!

클레멘스 브렌타노

Clemens Brentano, 1778-1842

브렌타노는 괴테의 젊은 시절의 여자친구 막시밀리언 라 로쉐의 아들이며, 그의 부친은 이탈리아계 상인이었다. 예나에서 낭만주의자들과 어울리면서, 소피를 알게 되어 그녀와 결혼한다. 괴팅겐에서 아르님을 만나 민요수집을 하면서, 1805년 『소년의 마적Des Knabens Wunderhorn』을 출판한다. 이 민요집으로 브렌타노는 큰 명성을 얻게 된다. 1806년 결혼한 지 3년 만에 소피가 죽자, 다시 아우구스테와 재혼한다. 하지만 결혼생활은 실패로 끝난다.

민속동화 이외에도 브렌타노는 낭만주의 시인으로 유명하다. 후기 낭만주의에 속하는 그의 시는 황혼의 환상적인 분위기나 달빛, 밤의 고요와 향수, 산속의 적막과 사랑의 애수 등과 같은 민속적인 주제들을 음악적인 언어로 노래한다. 그의 사랑의 시는 경건주의의 전통에서 나온 것으로, 바로크 시문학의 주제를 담고 있으며, 알레고리 기법을 많이 사용하고 있다.

브람스는 「오 차가운 숲O kühler Wald」를 작곡했고, 리하르트 슈트라우스는 「꽃다발을 엮고 싶어요Ich wollte ein Sträußlein binden」, 「산들거려라, 사랑스러운 미르테여Säusle, liebe Myrte」 등의 그의 시에 곡을 붙였다.

O kühler Wald

O kühler Wald, wo rauschest du,
In dem mein Liebchen geht?
O Widerhall, wo lauschest du,
Der gern mein Lied versteht?

Im Herzen tief, da rauscht der Wald,
In dem mein Liebchen geht,
In Schmerzen schlief der Widerhall,
Die Lieder sind verweht.

—

Johannes Brahms, op.72 Nr.3, 1877

오 차가운 숲

오 차가운 숲, 너 어디서 살랑이는가?
내 사랑이 그곳에서 걷는가?
오 메아리, 내 노래를 아는 너,
어디서 엿듣고 있는가?

마음 속 깊이 숲이 살랑거리고,
내 사랑 그곳에서 거니네,
고통 속에서 메아리 잠잠하자,
그 노래 사라지네.

—
요하네스 브람스, op.72 Nr.3, 1877

Säusle, liebe Myrte!

Säusle, liebe Myrte!
Wie still ist's in der Welt,
Der Mond, der Sternenhirte
Auf klarem Himmelsfeld,
Treibt schon die Wolkenschafe
Zum Born des Lichtes hin,
Schlaf, mein Freund, o schlafe,
Bis ich wieder bei dir bin!

Säusle, liebe Myrte!
Und träum im Sternenschein,
Die Turteltaube girrte
Ihre Brut schon ein,
Still ziehen die Wolkenschafe
Zum Born des Lichtes hin,
Schlaf, mein Frend, o schlafe,
Bis ich wieder bei dir bin!

산들거려라, 사랑스러운 미르테여!

산들거려라, 사랑스러운 미르테여!
이 세상은 참 조용하구나,
달은 맑은 하늘 들녘에서
별들을 지키는 목자,
구름 양떼를 빛의 샘으로
몰아가는구나.
잠 자게, 내 친구여, 오 잠 자게나,
내 다시 네 곁에 있을 때까지!

산들거려라, 사랑스러운 미르테여!
그리고 별빛 속에서 꿈꾸어라,
잉꼬 비둘기는 이미
제 새끼를 감싸 울고,
구름 양떼는 조용히
빛의 샘으로 가니,
잠 자게, 내 친구여, 오 잠 자게나,
내 다시 네 곁에 있을 때까지!

Hörst du, wie die Brunnen rauschen?
Hörst du, wie die Grille zirpt?
Stille, stille, laßt uns lauschen,
Selig, wer in Träumen stirbt;
Selig, wen die Wolken wiegen,
Wenn der Mond ein Schlaflied singt;
Oh! wie selig kann der fliegen,
Dem der Traum den Flügel schwingt,
Daß an blauer Himmelsdecke
Sterne er wie Blumen pflückt;
Schlafe, träume, flieg, ich wecke
Bald dich auf und bin beglückt!

—

Richard Strauss, op.68 Nr.3, 1918/19

너는 샘물 흐르는 소리를 듣느냐?
너는 귀뚜라미 우는 소리를 듣느냐?
조용히, 조용히, 귀 기울이자,
꿈꾸다가 죽는 자는 복 되도다,
구름보고 마음이 진정되는 자는 복 되도다,
달이 자장가를 부를 때.
오! 꿈 속에서 날갯짓하며,
날 수 있는 자는 복 되도다,
푸른 하늘 지붕에서
꽃처럼 별을 꺾기 위해.
잠 들게, 꿈꾸게, 날아 보게, 내 곧
그대를 깨워 행복에 젖으리.

—

리하르트 슈트라우스, op.68 Nr.3, 1918/19

16

마테우스 폰 콜린

Mathäus von Collin, 1779-1824

—

비애 Wehmut

밤과 꿈 Nacht und Träume

마테우스 폰 콜린

Mathäus von Collin, 1779-1824

빈에서 법학을 공부한 콜린은 1804년 박사학위를 받고, 크라카우와 빈에서 미학 및 철학사 교수로 재직했다. 콜린은 운문드라마의 창시자로 인정받고 있으며, 『벨라와 아버지의 전쟁』, 『적대적 아들들』, 그리고 『바덴베르크 사람들』 3부작에 이르기까지 많은 작품을 남겼다.

그러나 무엇보다도 중요한 것은 콜린의 저널리즘 활동이다. 당시의 문학에 대한 그의 평가들은 논문과 예술 평론들에서 찾아볼 수 있다. 그는 자유기고가로서, 또 『비엔나 일반 문학신문』과 『문학연보』의 발행인으로서 활동하였는데, 그의 대표논문 「예술의 민족적 본질에 대하여」에서 콜린은 문학의 여러 현상들의 내적 관계들을 규명하고, 문학의 커다란 특징들을 민족적인 특성에서 끌어내려했다. 그의 비평활동의 정점은 클라이스트, 울란트, 괴테, 실러, 베르너, 아르님 등의 드라마에 대한 비평에서 나타난다.

콜린은 서정시에서 많은 작품을 남기지는 않았지만, 슈베르트는 아름다움과 사라짐을 서로 대비하고 있는 「비애Wehmut」, 「난장이Der Zwerg」, 「밤과 꿈Nacht und Träume」과 같이 정감이 풍부한 그의 시 몇 편에 곡을 붙였다.

Wehmut

Wenn ich durch Wald und Fluren geh',
es wird mir dann so wohl und weh
in unruhvoller Brust.
So wohl, so weh, wenn ich die Au
in ihrer Schönheit Fülle schau',
und all die Frühlingslust.
Denn was im Winde tönend weht,
was aufgetürmt gen Himmel steht,
und auch der Mensch, so hold vertraut
mit all' der Schönheit, die er schaut,
entschwindet und vergeht.

—

Franz Schubert, op.22 Nr.2, 1823

비애

숲과 들을 걷노라면,
불안한 마음속엔
행복함과 비애.
아름답기 그지없는 푸른 풀밭을 바라보아도,
역시 행복함과 비애,
그리고 완연한 봄의 환희.
하늘을 향해 쌓아올린 것이
소리내며, 바람에 나부끼기 때문.
바라보는 아름다움을 사랑스레
믿는 인간도 역시
사라지고, 없어지누나.

—
프란츠 슈베르트, op.22 Nr.2, 1823

Nacht und Träume

Heilge Nacht, du sinkest nieder;
Nieder wallen auch die Träume,
Wie dein Mondlicht durch die Räume,
Durch der Menschen stille Brust.
Die belauschen sie mit Lust;
Rufen, wenn der Tag erwacht:
Kehre wieder, heilge Nacht!
Holde Träume, kehret wieder!

—

Franz Schubert, op.43 Nr.2, 1825?

밤과 꿈

너, 거룩한 밤, 밀려오네.
꿈들도 넘실대며 밀려오네,
달빛이 공간을 지나듯
사람들의 조용한 마음을 지나서.
그들 즐거이 꿈의 소리 듣다가
동이 트면, 외치네.
돌아오라, 거룩한 밤이여!
고운 꿈들이여, 돌아오라!

—
프란츠 슈베르트, op.43 Nr.2, 1825?

17

유스티누스 케르너

Justinus Kerner, 1786-1862

—

방랑의 노래 Wanderlied

첫 번째 초록빛 Erstes Grün

은밀한 사랑 Stille Liebe

유스티누스 케르너

Justinus Kerner, 1786-1862

케르너는 정부관리의 여섯 번째 아들로 태어나, 마울브론과 루드비히스부르크에서 라틴 학교를 다니고 상업 교육을 받았다. 스승 콘츠K. F. Conz에 의해 그는 실러, 클롭슈톡, 횔덜린 등의 문학에 눈을 뜬다. 케르너는 1804에서 1808년까지 튀빙겐 대학에서 의학을 공부했고, 청각조직의 기능에 대한 논문으로 박사학위를 취득한다. 그러나 낭만적인 감수성을 가진 친구들인 울란트Uhland, 마이어K. Mayer, 바란하겐Varnhagen 등에 자극 받아 서정시에도 몰입하게 된다.

1809년 봄 그는 함부르크로 일 년간 실습 여행을 떠난다. 이곳에서 그는 베를린에 있는 푸케Fouqué 와 샤미소를 만나게 된다. 그해 가을에는 현장실습을 계속하기 위해 비엔나로 여행을 떠나 프리드리히 슐레겔과 베토벤을 알게 된다. 여행 중 울란트와 다른 친구들에게 쓴 편지들을 케르너는 음악과 함께 상연할 수 있는 콜라주로 묶기도 했다. 『여행의 그림자. 루흐의 그림자극에 대하여』라는 이 책은 낭만적인 색채가 빛나고, 꿈으로 가득한 자의식이 아름답고 환상적으로 묘사되어 있다.

케르너는 울란트, 슈밥Schwab과 공동 작업으로 두 권의 모음집을 출간하는데, 하나는 『1812년의 문학연감』이고, 다른 하나는 『독일 시인의 숲』이다. 이 책들에는 슈바벤의 낭만주의자들과 함께 헤벨Hebel, 푸케, 샤미소, 아이헨도르프 등 다른 낭만주의 시인들의 시도 들어있다. 케르너의 시집 『시Gedichte』는 민요적인 음색을 띠고 있고 따뜻하면서도 때로는 무거운 태도로 인하여, 신선하고 유머러스한 낭만적 음색과 함께 신비적이며 비밀스러운 분위기를 보이고 있다. 특히 그의 담시들은 전율적인 색채를 띤다. 그의 많은 시들은 형식면에서 불충분하다고 평가되기도 하지만, 『방랑의 노래Wanderlied』, 『제재소의 방랑자Der Wanderer in der Sägmühle』, 『죽은 친구의 술잔에Auf das Trinkglas eines verstorbenen Freundes』, 『부유한 군주Der reichste Fürst』 등 몇 작품은 천재적이라고 인정받는다. 1852년과 1859년에 각각 『마지막 꽃다발Der letzte Blüthenstrauß』과 『겨울꽃Winterblüthen』을 출간한다.

슈만은 케르너의 열두 편 시에 곡을 붙여 묶어 발표하였는데 「방랑의 노래Wanderlied」, 「첫 번째 초록빛Erstes Grün」, 「은밀한 사랑Stille Liebe」도 그 중 하나이다.

Wanderlied

Wohlauf! noch getrunken den funkelnden Wein!
Ade nun, ihr Lieben! geschieden muß sein.
Ade nun, ihr Berge, du väterlich' Haus!
Es treibt in die Ferne mich mächtig hinaus.

Die Sonne, sie bleibet am Himmel nicht stehn;
Es treibt sie, durch Länder und Meere zu gehn.
Die Woge nicht haftet am einsamen Strand,
Die Stürme, sie brausen mit Macht durch das Land.

Mit eilenden Wolken der Vogel dort zieht
Und singt in der Ferne ein heimatlich' Lied.
So treibt es den Burschen durch Wälder und Feld,
Zu gleichen der Mutter, der wandernden Welt.

Da grüßen ihn Vögel bekannt überm Meer,
Sie flogen von Fluren der Heimat hierher;
Da duften die Blumen vertraulich um ihn,
Sie trieben vom Lande die Lüfte dahin.

Die Vögel, die kennen sein väterlich' Haus,
Die Blumen, die pflanzt er der Liebe zum Strauß,
Und Liebe, die folgt ihm, sie geht ihm zur Hand:
So wird ihm zur Heimat das ferneste Land.

—

Robert Schumann, op.35 Nr.3, 1840

방랑의 노래

자, 반짝이는 포도주를 마시게!
안녕, 그대 내 사랑이여! 이제 헤어져야 하니.
안녕, 산들아, 너 아버지의 집이여!
나를 멀리 힘껏 내모는구나.

태양은 하늘에 머무르지 않고,
육지와 바다로 이끌려가니,
파도는 한적한 해변에 머무르지 않고,
폭풍은 육지로 마음껏 부네.

빨리 지나가는 구름과 함께 새들이 날아가면서,
멀리 떨어진 고향의 노래를 부르네.
그래서 그 청년 숲과 들을 지나,
어머니에게로, 방랑하는 세계로 나아가네.

그러자 바다 위 새들이 기꺼이 그를 맞이하네.
그 새들 고향의 전답에서 이리로 날라 왔으니,
꽃들도 몰래 그의 주위로 향기를 내네.
새들이 육지에서 그 미풍을 몰고 왔으니.

그의 아버지의 집을 아는 새들,
연인을 위해 화환으로 심었던 꽃들,
그리고 사랑이 뒤따라와, 함께 손잡고 가니,
머나먼 땅이 그의 고향이 되도다.

—

로베르트 슈만, op.35 Nr.3, 1840

Erstes Grün

Du junges Grün, du frisches Gras!
Wie manches Herz durch dich genas,
das von des Winters Schnee erkrankt
oh wie mein Herz nach dir verlangt!

Schon wächst du aus der Erde Nacht,
wie dir mein Aug entgegen lacht!
Hier in des Waldes stillem Grund
drückt ich dich, Grün, an Herz und Mund.

Wie treibts mich von den Menschen fort!
Mein Leid das hebt kein Menschenwort,
Nur junges Grün ans Herz gelegt
macht, daß mein Herze stiller schlägt.

—

Robert Schumann, op.35 Nr.4, 1840

첫 번째 초록빛

너 새로운 초록빛, 너 신선한 풀이여!
겨울눈에 병들었던 많은 마음들이
너로 인해 얼마나 회복되었던가!
오 내 마음도 얼마나 너를 그리워하는지!

너 대지의 밤에서 벌써 자라나
내 눈 너를 보며 웃네!
이곳 고요한 숲 속에서
너, 초록빛을 내 마음과 입술에 대어 보네.

사람들에게서 멀어진 나!
내 고통 사람의 말로는 치유 못하네,
다만 새로운 초록빛 가슴에 놓은 채,
내 마음 더 나직이 고통치게 하라.

—

로베르트 슈만, op.35 Nr.4, 1840

Stille Liebe

Könnt' ich dich in Liedern preisen,
Säng' ich dir das längste Lied.
Ja, ich würd' in allen Weisen
Dich zu singen nimmer müd'!

Doch was immer mich betrübte,
Ist, daß ich nur immer stumm
Tragen kann dich, Herzgeliebte,
In des Busens Heiligtum.

Dieser Schmerz hat mich bezwungen,
Daß ich sang dies kleine Lied,
Doch von bitterm Leid durchdrungen,
Daß noch kein's auf dich geriet.

—

Robert Schumann, op.35 Nr.8, 1840

은밀한 사랑

내 그대를 노래로 찬양할 수 있다면,
내 그대에게 기나긴 노래를 부를 수 있다면.
그래, 내 모든 방법으로
그대에게 노래해도 지치지 않으리!

하지만 늘 나를 슬프게 하는 것은,
내가 늘 말없이, 내 사랑,
그대를 이 가슴의 성역 속에,
지닐 수 있다는 것이라네.

내 이 고통에 억눌려,
이 작은 노래를 불렀지.
하지만 쓰라린 괴로움에 사무쳐,
그대에게 다다른 노래 하나 없네.

—
로베르트 슈만, op.35 Nr.8, 1840

18

요젭 폰 아이헨도르프

Joseph von Eichendorff, 1788-1857

—

봄의 여행 (두 젊은이) Frühlingsfahrt

향수 Heimweh

밤의 마법 Nachtzauber

말못한 사랑 Verschwiegene Liebe

귀향 Rückkehr

방랑의 노래 (신선한 여행) Wanderlied (Frische Fahrt)

요젭 폰 아이헨도르프

Joseph von Eichendorff, 1788-1857

아이헨도르프는 슐레지엔 태생으로 할레와 하이델베르크에서 철학과 법학을 전공했고, 거기서 괴레스, 아르님, 브렌타노를 만났다. 1813-15년에는 해방전쟁에 참여했다가 1815년 루이제 폰 라리쉬Luise von Larisch와 결혼하여 1816년 브레슬라우 정부에서 사법관 시보로 재직하였다. 1820년 단치히에서 참사관, 1824년 쾨니히스베르크에서 행정관리로 재직하였으며, 1831년부터는 베를린 문교부에서 근무했다.

그는 베를린과 빈 등지에서 낭만파의 작가들과 교류하며 많은 영향을 받았으나, 낭만주의자들에게 흔히 있는 지나친 자아의식을 내보이지 않고, 28년 동안 프로이센 관리로서 성실하고 정직한 생활을 영위한다. 그는 고요한 종교적 정서가 내재된 자연체험을 간결하고 쉬운 민요풍의 시어로 읊었는데, 그의 문학에는 무엇보다도 어린 시절 낙원으로 느꼈던 고향 루보비츠의 행복했던 생활과 자연풍경이 반영되어 있다. 가문이 몰락하면서 아이헨도르프는 어린 시절의 낙원 세계와 결별하게 된다. 이 체험은 현재에 대한 고통과 이상적 과거에 대한 동경이라는 낭만주의적 감정과 일치하는 것이다.

어려서부터 독실한 가톨릭 분위기에서 성장한 아이헨도르프는 일생을 흔들림 없는 신앙 속에서 살았으며, 그에게는 낭만적 무한 동경이 가톨릭 정신과 합치되어, 신에 대한 관계가 자연에 대한 관계와 동일하게 나타난다. 그러므로 그는 다른 낭만주의 작가들 경우처럼 병적이고 어두운 마적 힘에 이끌려 자아를 상실하거나 생활과 동떨어진 환상에 사로잡혀 몰락하는 요소를 갖지 않는다. 이런 요소들은 신앙을 통해 보다 높은 질서의 귀의로 해소된다.

주요 작품으로는 『예감과 현재』, 『대리석상』, 『어느 건달의 삶에서Aus dem Leben eines Taugennichts』, 괴테의 발자취를 더듬어가는 『시인과 동료들』 등의 장단편 소설들과 『시Gedichte』(1837)가 있다. 그의 시들은 노을이 진 원경, 속삭이는 소리, 부드러운 색조, 고요한 풍물 등이 반복해서 나타난다. 민요적 멜로디를 담고 있는 그의 시들은 「하나님이 자비를 베푸시기를 원하는 자Wem Gott will rechte Gunst erweisen」, 「오 먼 계곡, 오 산들이여O Täler, o Höhen」, 「계곡에서 정상까지Vom Grund bis zu den Gipfeln」, 「고향Die Heimat」, 「소리내는 나무 Es rauschen die Wipfel」 등의 시들은 유명하다. 특히 환호하는 봄, 숲과 산, 신비스러운 마법의 밤, 멜랑콜리의 상징인 밤 꾀꼬리, 머나먼 곳에서 들리는 종소리, 여행 등의 주제와 모티프를 지닌 「달밤Mondnacht」, 「봄의 여행Frühlingsfahrt」, 「밤의 마법Nachtzauber」, 「말 못한 사랑Verschwiegene Liebe」, 「귀향Rückkehr」, 「방랑의 노래Wanderlied」과 같은 시들은 낭만주의 언어의 음악성으로 인해 슈만, 볼프, 오르프 등에 의해 작곡되어 널리 알려져 있다.

특히 단편소설 『어느 건달의 삶에서』의 제6장에 삽입된 시 「향수Heimweh」는 밤의 환상과 낮의 환상의 중간단계인 아침의 모티프로 부정적인 현실을 긍정적으로 극복하고 있다.

Frühlingsfahrt

Es zogen zwei rüst'ge Gesellen
Zum erstenmal von Haus,
So jubelnd recht in die hellen,
In die klingenden, singenden Wellen
Des vollen Frühlings hinaus.

Die strebten nach hohen Dingen,
Die wollten, trotz Lust und Schmerz,
Was Recht's in der Welt vollbringen,
Und wem sie vorüber gingen,
Dem lachten Sinnen und Herz. -

Der erste, der fand ein Liebchen,
Die Schwieger kauft' Hof und Haus;
Der wiegte gar bald ein Bübchen,
Und sah aus heimlichem Stübchen
Behaglich ins Feld hinaus.

Dem zweiten sangen und logen
Die tausend Stimmen im Grund,
Verlockend' Sirenen, und zogen
Ihn in der buhlenden Wogen
Farbig klingenden Schlund.

봄의 여행

건장한 두 젊은이가
처음으로 집을 떠났네,
밝고, 아름답게 노래하는
무르익은 봄날의
파도 속으로 환호하면서.

그들 고귀한 일을 추구했네,
기쁨과 고통을 무릅쓰고
세상의 정의를 이루고자 했네,
지나치는 사람들에게 그들
뜻과 마음으로 웃음 보냈네.

첫 번째 젊은이, 사랑을 만났네,
장모는 농지와 집을 사 주었네.
그는 곧 아기를 재우면서
아늑한 방안에서 편안히
먼 들판을 바라보았네.

사이렌 요정들이 두 번째 젊은이를
수많은 목소리로 유혹하면서,
완전히 속여,
그를 환락의 파도, 찬란하게
울리는 나락 속으로 데려갔네

Und wie er auftaucht' vom Schlunde,
Da war er müde und alt,
Sein Schifflein das lag im Grunde,
So still war's rings in der Runde,
Und über die Wasser weht's kalt.

Es singen und klingen die Wellen
Des Frühlings wohl über mir;
Und seh' ich so kecke Gesellen,
Die Tränen im Auge mir schwellen -
Ach, Gott, führ' uns liebreich zu Dir!

—

Robert Schumann, op.45 Nr.2, 1840

그리고 나락에서 다시 떠올랐을 때
그는 지치고 늙어버렸네,
그의 조각배는 바다 속에 가라앉았으니
주위는 이제 고요할 뿐
물위로 차가운 바람만 불었네.

봄날의 파도가 내 머리 위에서
노래하며 울리는데
나는 저 씩씩한 젊은이들을 보네,
내 눈에 넘쳐흐르는 눈물 -
아 하나님, 사랑으로 우리를 당신께 이끄소서.

—
로베르트 슈만, op.45 Nr.2, 1840

Heimweh

Wer in die Fremde will wandern,
Der muß mit der Liebsten gehn,
Es jubeln und lassen die andern
Den Fremden alleine stehn.

Was wisset ihr, dunkele Gipfel,
Von der alten, schönen Zeit?
Ach, die Heimat hinter den Gipfeln,
Wie liegt sie von hier so weit.

Am liebsten betracht ich die Sterne,
Die schienen, wie ich ging zu ihr,
Die Nachtigall hör ich so gerne,
Sie sang vor der Liebsten Tür.

Der Morgen, das ist meine Freude!
Da steig ich in stiller Stund
Auf den höchsten Berg in die Weite,
Grüß dich, Deutschland, aus Herzengrund!

—

Hugo Wolf, 1888

향수

낯선 땅으로 떠나려는 자는
연인과 함께 가야 하리.
다른 사람들은 즐거워하면서
이방인을 외토리로 만드네.

어두운 산봉우리야, 너희는 무엇을 아느냐,
옛날 아름다운 시절에 대해서?
아, 산 너머에 있는 나의 고향은
참으로 멀기도 하구나.

별들을 바라보는 것은 참 좋아라,
그녀에게 갈 때 반짝였던 저 별들.
밤 꾀꼬리 노래 소리도 듣기 좋구나,
그 새 연인의 문 앞에서 노래하였네.

아침, 그것은 나의 기쁨이니!
고요한 시간에 나는 높은 산에 올라
먼 곳을 향해 인사하노라,
충심으로 그대에게, 독일이여!

—
후고 볼프, 1888

Nachtzauber

Hörst du nicht die Quellen gehen
Zwischen Stein und Blumen weit,
Nach den stillen Waldesseen,
Wo die Marmorbilder stehen,
In der schönen Einsamkeit?
Von den Bergen sacht hernieder,
Weckend die uralten Lieder,
Steigt die wunderbare Nacht,
Und die Gründe glänzen wieder,
Wie du's oft im Traum gedacht.

● 이 시는 아이헨도르프가 고대의 이교도인 영웅 줄리안을 노래한 운문서사시 『줄리안 Julian』(1853)의 제 11장에 들어있는 시이다. 고대의 서사시에서 흔히 등장하듯이 조용한 숲 속 호수가의 대리석상이 이 시에서도 나오고 있으며, 이러한 배경으로 태고의 밤이 마법처럼 노래되고 있다. 1연에서 시적 자아는 낭만주의적인 마술적 자연을 불러내고 있다. 태고의 돌과 꽃 사이의 샘물, 조용한 숲 속의 호수, 달밤, 달빛 비취는 땅 등이 그것이다. 2연에서는 사랑

밤의 마법

들리지 않나, 저 샘물소리,
멀리 돌과 꽃 사이에서 나와
아름다운 고요 속에
대리석 상들이 서 있는
조용한 숲의 호수로 흘러가는 소리가?
놀라운 밤이
태고의 노래들을 일깨우면서,
산에서부터 살며시 내려앉으면
땅은 다시 빛나기 시작하네,
네가 꿈속에서 자주 생각했던 것처럼.

을 주제로 하면서, 꽃봉오리를 터뜨리며 나타나는 신화적인 아름다운 여인, 즉 사랑의 여신인 비너스를 묘사하고 있다. 이 시는 마술과 같은 초자연적인 유혹으로 기능하는 "놀라운 밤"이 "태고의 노래"를 일깨우지만, 그 사랑의 노래는 "침몰해 간 아름다운 나날에 대한 탄식"의 소리인 비가임을 강하게 암시하고 있다.

Kennst die Blume du, entsprossen
In dem mondbeglänzten Grund?
Aus der Knospe, halb erschlossen,
Junge Glieder blühend sprossen,
Weiße Arme, roter Mund,
Und die Nachtigallen schlagen,
Und rings hebt es an zu klagen,
Ach, vor Liebe todeswund,
Von versunknen schönen Tagen -
Komm, o komm zum stillen Grund!

—

Hugo Wolf, 1888

너는 알고 있나, 달빛 비치는
땅에서 싹트는 꽃을?
반쯤 벌어진 꽃봉오리에서
어린 꽃술이 피어 나오네,
하얀 팔, 붉은 입술,
그리고 밤 꾀꼬리가 지저귀며,
사방에서 탄식소리 들려오네,
아, 사랑에 죽도록 상처 입은 채,
침몰해 간 아름다운 나날에 대한 탄식이 -
오라, 오 고요한 땅으로 오라!

—
후고 볼프, 1888

Verschwiegene Liebe

Über Wipfel und Saaten
In den Glanz hinein -
Wer mag sie erraten,
Wer holte sie ein?
Gedanken sich wiegen,
Die Nacht ist verschwiegen,
Gedanken sind frei.

Errät es nur eine,
Wer an sie gedacht
Beim Rauschen der Haine,
Wenn niemand mehr wacht
Als die Wolken, die fliegen -
Mein Lieb ist verschwiegen
Und schön wie die Nacht.

—
Hugo Wolf, 1888

말 못한 사랑

나무들과 들판 저 너머
빛나는 햇살 속으로 -
그 사랑 누가 알아낼까,
누가 찾아다 줄까?
생각은 이리저리 흔들리는데,
밤은 말이 없고,
생각은 걷잡을 수 없구나.

한사람만 알아준다면,
흘러가는 저 구름 말고는
깨어 있는 이 아무도 없을 때,
언덕 숲이 속삭임 들으며,
누가 자기를 생각하는지. -
나의 사랑은 말이 없고
밤처럼 아름답도다.

—
후고 볼프, 1888

Rückkehr

Mit meinem Saitenspiele,
Das schön geklungen hat,
Komm' ich durch Länder viele
Zurück in diese Stadt.

Ich ziehe durch die Gassen,
So finster ist die Nacht
Und alles so verlassen,
Hatt's anders mir gedacht.

Am Brunnen steh' ich lange,
Der rauscht fort wie vorher,
Kommt mancher wohl gegangen,
Es kennt mich keiner mehr.

Da hört' ich geigen, pfeifen,
Die Fenster glänzten weit,
Dazwischen drehn und schleifen
Viel' fremde, fröhliche Leut'.

Und Herz und Sinne mir brannten,
Mich trieb's in die weite Welt,
Es spielten die Musikanten,
Da fiel ich hin im Feld.

—

Hugo Wolf, 1883

귀향

나의 현악기를
아름답게 울리며,
나는 수많은 나라를 거쳐
이 도시로 돌아왔네.

골목길을 따라 걸어가는데
밤은 참으로 캄캄하고
모든 것이 황량하구나,
나는 달리 생각했는데.

나는 우물가에서 한참 서 있네,
물은 예전처럼 졸졸 흐르고.
많은 사람이 지나가지만
나를 아는 이는 없네.

그 때 바이올린, 피리 소리 들렸네.
창들은 환하게 멀리 빛났고,
그 사이로 낯선, 행복한 사람들이
미끄러지듯 춤추며 돌아가고 있네.

그리고 내 마음과 생각이 타올라,
나는 드넓은 세계로 뛰쳐나갔네.
악사들이 연주하는데
그때 나는 들판에서 쓰러졌네.

—
후고 볼프, 1883

Wanderlied (Frische Fahrt)

Laue Luft kommt blau geflossen,
Frühling, Frühling soll es sein!
Waldwärts Hörnerklang geschossen
Mut'ger Augen lichter Schein;
Und das Wirren bunt und bunter
Wird ein magisch wilder Fluß,
In die schöne Welt hinunter
Lockt dich dieses Stromes Gruß.

Und ich mag mich nicht bewahren!
Weit von euch treibt mich der Wind,
Auf dem Strome will ich fahren,
Von dem Glanze selig blind!
Tausend Stimmen lockend schlagen,
Hoch Aurora flammend weht,
Fahre zu! Ich mag nicht fragen,
Wo die Fahrt zu Ende geht!

—

Felix Mendelssohn-Bartholdy, op.57 Nr.6, 1841

● 이 시는 1815년 아이헨도르프의 낭만주의 장편소설인 『예감과 현재Ahnung und Gegenwart』에 들어있던 시이다. 이 소설에서 로마나Romana 백작부인은 친구인 로자에게 자신의 어린 시절을 이야기 하면서 이 노래를 부르고 있다. 이 시는 정원의 삶에서 벗어나지 말라고 말한 어머니의 말을 거역하고, 드넓은 자연의 세계로 나아가고자 하는 공작부인의 저항적 의

방랑의 노래 (신선한 여행)

따스한 대기가 푸르게 불어오니,
봄, 그건 틀림없이 봄이로구나!
숲 쪽으로 뿔 나팔소리 울릴 때
용감한 눈동자의 환한 빛이여,
어지러움은 현란하고 또 현란하여
마법의 거친 강물 되었으니,
저 아래 아름다운 세계로,
이 강이 인사하며 너를 유혹하네.

그러니 나는 견딜 수 없을 것 같아!
바람은 나를 너희로부터 멀리 몰아대니,
강물을 타고 내 여행 떠나리,
광채에 황홀하게 눈먼 채로!
수많은 소리가 유혹하여 울리며
여명은 높이 불타듯 바람에 실려 오네,
떠나자! 나는 묻지 않으련다,
이 여행이 어디서 끝날는지!

—

펠릭스 멘델스존-바르톨디, op.57 Nr.6, 1841

미를 지니고 있다. 봄의 풍경 속에서 시적 자아는 '신기루'Fata Morgana를 보고 있으며, 신선한 여행이라는 이미지가 지닌 끝없는 움직임이 시적 자아의 마음이 앞으로 나아가고자 하는 끝없는 움직임과 상응하고 있다. 이 시는 현실에서 벗어나고자 하는 탈경계의 모티프와 모험의 모티프가 여행모티프로 잘 나타나고 있다.

19

프리드리히 뤼케르트

Friedrich Rückert, 1788-1866

—

그대는 안식 Du bist die Ruh

잔잔한 향기를 마셨네 Ich atmet' einen linden Duft

나 세상 버리고 떠났네 Ich bin der Welt abhanden gekommen

웃음과 울음 Lachen und Weinen

아름다움 때문에 사랑한다면 Liebst du um Schönheit

한밤에 Um Mitternacht

봉헌 Widmung

프리드리히 뤼케르트

Friedrich Rückert, 1788-1866

뤼케르트는 프랑켄의 슈바인푸르트 지방 출신으로 동양학자이면서 시인으로 다작의 시를 남겼다. 그는 애국시인으로 출발하여 해방전쟁 시기인 1814년에는 프라이문트 라이마르Freimund Reimar라는 별명으로 『독일 시Deutsche Gedichte』를 발표한다. 그 안에 들어있는 민족주의적 애국시 「무장한 소네트Geharnischte Sonette」가 주목을 받는다. 1815년에는 편집자로서 슈투트가르트로 이주했고, 1826년에는 에어랑겐에서, 1841년에는 베를린에서 동양어 교수로 근무했다. 1848년 이후에는 코부르크에 있는 영지에서 살았다. 그는 풍부한 연애시, 아동시, 가정시를 남겼는데, 자신의 언어적 재능을 보여주기 위하여 낡은 형식과 공허한 운율, 기법의 유희를 사용하기도 한다. 인도의 인생관을 모방하여 생의 체험을 나타낸 방대한 교훈시 『브라만의 지혜Die Weisheit des Brahmanen』(1836-39)에는 알렉산더 시행으로 된 약 3000개의 교훈이 수록되어 있다. 동양고대문학을 본 따서 시의 형식미를 추구한 『동양의 장미Oestliche Rosen』는 괴테의 칭찬을 받는다.

그는 해박한 어학 지식으로 동양시를 번역하고 개작하면서, 모든 민족과 시대에 공통으로 있는 만고불변의 진리를 영원히 변치 않는 현재성으로 끌어들이려고 했다. 가이벨, 샤크 백작, 보텐슈테트 등은 뤼케르트의 이러한 방식으로부터 영향을 받았다.

슈베르트는 뤼케르트의 시 「그대는 안식Du bist die Ruhe」, 「웃음과 울음Lachen und Weinen」, 「그녀가 여기 있었네Daß sie hier gewesen」, 「노인의 노래Greisen-gesang」, 「잘 오셨어요Sei mir gegrüßt」를, 슈만은 「아름다움 때문에 사랑한다

면Liebst du um Schönheit」, 「봉헌Widmung」, 「하늘이 눈물 흘렸네Der Himmel hat eine Träne geweint」, 「눈 종Schneeglöckchen」, 「태양이 저렇게 빛나다니So wahr die Sonne scheinet」를, 구스타프 말러는 「잔잔한 향기를 마셨네Ich atmet' einen linden Duft」, 「나 세상 버리고 떠났네Ich bin der Welt abhanden gekommen」, 「아름다움 때문에 사랑한다면Liebst du um Schönheit」, 「한 밤중에Um Mittenacht」 등을 작곡하였다.

그는 자식을 잃은 슬픔을 수많은 시들에 담기도 했는데 이 시들은 사후에 출간되었으며, 그 중 다섯 편의 시에 구스타프 말러가 『죽은 아이를 그리는 노래Kindertotenlieder』라는 제목으로 곡을 붙인 것이 유명하다.

Du bist die Ruh

Du bist die Ruh,
Der Friede mild,
Die Sehnsucht du,
Und was sie stillt.

Ich weihe dir
Voll Lust und Schmerz
Zur Wohnung hier
Mein Aug und Herz.

Kehr ein bei mir
Und schließe du
Still hinter dir
Die Pforte zu.

Treib andern Schmerz
Aus dieser Brust!
Voll sei dies Herz
Von deiner Lust.

Dies Augenzelt,
Von deinem Glanz
Allein erhellt,
O füll es ganz!

—

Franz Schubert, op. 59 Nr.3, 1823

그대는 안식

그대는 안식,
온화한 평화,
그대는 그리움이며,
또 그리움을 달래주네.

기쁨과 고통에 겨워
그대에게 바치리라,
그대가 거할 수 있도록,
나의 눈과 마음을.

내게로 오세요,
그리고 조용히
그대 뒤의 문을
닫아 주세요.

이 가슴에서
다른 고통은 몰아내요!
당신의 기쁨으로만
충만하도록.

나의 눈의 장막이
그대의 광채로만
빛나도록,
오 가득 채워줘요!

—

프란츠 슈베르트, op. 59 Nr.3, 1823

Ich atmet' einen linden Duft

Ich atmet' einen linden Duft.
Im Zimmer stand
Ein Angebinde
Von lieber Hand,
Ein Zweig der Linde;
Wie lieblich war der Lindenduft!

Wie lieblich ist der Lindenduft!
Das Lindenreis
Brachst du gelinde;
Ich atme leis
Im Duft der Linde
Der Liebe linden Duft

—
Gustav Mahler, ED 1905

잔잔한 향기를 마셨네

나 잔잔한 향기를 들이마셨네
방에는 귀여운 손이
건네준 선물,
보리수 가지 하나,
그 향기는 얼마나 사랑스러웠는지!

그 향기는 얼마나 사랑스러웠는지!
보리수 가지를
너는 살며시 가져왔네.
나는 조용히 숨쉬었지,
보리수 향기 속에서
사랑의 잔잔한 향기를.

—
구스타프 말러, ED 1905

Ich bin der Welt abhanden gekommen

Ich bin der Welt abhanden gekommen,
mit der ich sonst viele Zeit verdorben;
sie hat so lange nichts von mir vernommen,
sie mag wohl glauben, ich sei gestorben!

Es ist mir auch gar nichts daran gelegen,
ob sie mich für gestorben hält.
Ich kann auch gar nichts sagen dagegen,
denn wirklich bin ich gestorben der Welt.

Ich bin gestorben dem Weltgetümmel
und ruh' in einem stillen Gebiet!
Ich leb' allein in meinem Himmel,
in meinem Lieben, in meinem Lied.

—

Gustav Mahler, ED 1905

● 이 시는 1868년 뤼케르트의 사후 발간된 시 전집에 들어있다. 이 시는 세상을 버린 시적 자아의 낭만적인 노래이다. 세상을 버렸다는 것은 낙오자의 한탄이나 저항이 아니라 도시의 혼잡한 세상을 벗어나서 개인의 완전한 행복을 의미한다. 이는 마지막 연에서 읽을 수 있듯이 현실에서 "이미 죽은 몸"인 시적 자아가 문학 속에서 다시 태어나는 것이며, 삶이 사랑과 노래가 되는 것을 말한다. 즉 완전한 행복은 시민적 삶의 죽음이후 천국과 같은 유토피아에서야

나 세상 버리고 떠났네

나 세상을 버리고 떠났네,
많은 세월을 헛되이 보내고 나서.
세상은 오랫동안 내 소식 못 들었으니
아마도 내가 죽었다고 생각하겠지!

세상이 내가 죽은 줄 알아도
나와는 아무런 상관이 없다네.
그렇지 않다고 말할 수도 없겠지,
정말 나는 세상에서 죽은 몸이니까.

혼잡한 세상에서 나 이미 죽은 몸,
조용한 땅에서 쉬네!
나의 천국에서 외로이 살아간다네,
내 사랑 속에, 내 노래 속에서.

—
구스타프 말러, ED 1905

비로소 성취되는 것임을 부각시키고 있다. 토마스 만Thomas Mann의 소설 『마의 산Zauberberg』의 주인공 한스 카스트롭Hans Castrop은 이 시를 인용하고 있는데, 구스타브 말러에 심취한 토마스 만이 그의 음악을 통해 뤼케르트의 시를 알게 된 것은 전혀 우연이 아니다.

Lachen und Weinen

Lachen und Weinen zu jeglicher Stunde
Ruht bei der Lieb auf so mancherlei Grunde.
Morgens lacht ich vor Lust,
Und warum ich nun weine
Bei des Abendes Scheine,
Ist mir selb' nicht bewußt.

Weinen und Lachen zu jeglicher Stunde
Ruht bei der Lieb auf so mancherlei Grunde.
Abends weint ich vor Schmerz;
Und warum du erwachen
Kannst am Morgen mit Lachen,
Muß ich dich fragen, o Herz.

—

Franz Schubert, op.59 Nr.4, 1823

웃음과 울음

웃음과 울음은 언제라도,
온갖 이유로 사랑에 깃드는 법.
아침에는 기뻐서 웃었는데,
저녁 햇빛을 보면서
왜 울고 있는지,
나 자신도 알 수 없네.

울음과 웃음은 언제라도,
온갖 이유로 사랑에 깃드는 법.
밤에는 고통으로 울었는데,
어째서 아침에는
웃으면서 깨어나는지,
오 마음아, 네게 물어야겠네.

—
프란츠 슈베르트, op.59 N 1823

Liebst du um Schönheit

Liebst du um Schönheit, o nicht mich liebe!
Liebe die Sonne, sie trägt ein goldnes Haar!

Liebst du um Jugend, o nicht mich liebe!
Liebe den Frühling, der jung ist jedes Jahr!

Liebst du um Schätze, o nicht mich liebe!
Liebe die Meerfrau, sie hat viel Perlen klar!

Liebst du um Liebe, o ja - mich liebe!
Liebe mich immer, dich lieb ich immerdar!

—

Robert Schumann, op.37 Nr.4, 1840
Gustav Mahler, ED 1905

아름다움 때문에 사랑한다면

아름다움 때문에 사랑한다면, 오 나를 사랑하지 말아요!
태양을 사랑하세요, 황금 빛 머리카락을 가진 태양을!

젊음 때문에 사랑한다면, 오 나를 사랑하지 말아요!
봄을 사랑하세요, 해마다 젊어지는 봄을!

보물 때문에 사랑한다면, 오 나를 사랑하지 말아요!
인어를 사랑하세요, 인어에겐 분명히 진주가 많을 테니까!

사랑 때문에 사랑한다면, 오 그래요 - 나를 사랑하세요!
영원히 나를 사랑해줘요, 나 그대를 영원히 사랑할게요!

—
로베르트 슈만, op.37 Nr.4, 1840
구스타프 말러, ED 1905

Um Mitternacht

Um Mitternacht
hab ich gewacht
und aufgeblickt zum Himmel;
kein Stern vom Sterngewimmel
hat mir gelacht
um Mitternacht.

Um Mitternacht
hab ich gedacht
hinaus in dunkle Schranken.
Es hat kein Lichtgedanken
mir Trost gebracht
um Mitternacht.

Um Mitternacht
nahm ich in acht
die Schläge meines Herzens.
Ein einziger Puls des Schmerzens
war angefacht
um Mitternacht.

● 이 시의 제목은 '한밤'이지만, 어두운 감정이 아니라 깨어있는 사고를, 낭만적인 감정이입보다는 객관적인 명상을 노래하고 있다. 5연으로 이루어진 이 시의 각 연의 첫 행과 마지막 행은 "한밤에"이다. '한밤'의 주도동기 속에서 밤하늘을 바라보는 시적 자아의 명상적 사고과정은 소용돌이처럼 위로 치닫고 있다. 즉 1연은 밤하늘을 바라봄이고, 2연은 바라봄과 사고의 거부과정을 제시하고, 3연은 고통 속에서 내면으로 향한 사고과정을 보여주고, 4연은 개인의 고통이 보편적인 인간의 고통으로 확장된 과정을 노래하고 있으며, 그리고 마지막 연에서 사고과정은 출구가 없는 현존재의 무상함 가운데 "죽음과 삶을 주관하시는 주"에게로 향하면

한밤에

한밤에
나 잠에서 깨어
하늘을 쳐다보았네.
수많은 별들 중 어떤 별도
나를 향해 웃지 않았네,
한밤에.

한밤에
나 생각했네,
어두운 한계를 넘어서.
어떤 밝은 생각도
나를 위로하지 않았네,
한밤에.

한밤에
귀기울여 들어보았네,
내 심장의 고동을.
고통의 맥박만이
뛰기 시작했네,
한밤에.

서 이성을 넘어선 신적인 영역으로 발전하고 있다. 뤼케르트의 다른 시들에서와 마찬가지로 이 시에서도 생각과 시작(詩作)이 하나가 되고 있음을 보여주고 있다. 즉 현실은 사고의 힘으로 파악할 수 있다는 것이고, 사고의 의해 걸러진 문학적 내용이 의미화과정을 통해 상징화된다는 것이다. 이런 의미에서 시는 의미의 형상물이다. 각각 동일하게 얌부스Jambus의 운율로 6행으로 되어 있는 다섯 연 모두가 처음행과 마지막행이 "한밤에"로 반복되어있는 것이 특이하다.

Um Mitternacht
kämpft ich die Schlacht,
o Menschheit, deiner Leiden;
nicht konnt ich sie entscheiden
mit meiner Macht
um Mitternacht.

Um Mitternacht
hab ich die Macht
in deine Hand gegeben:
Herr über Tod und Leben,
du hältst die Wacht
um Mitternacht.

—
Gustav Mahler, ED 1903

한밤에
나는 싸웠네,
오 인간, 너의 고통과.
나의 힘으로는
이길 수 없었네,
한밤에.

한밤에
나는 당신의 손에
온 힘을 맡겼네,
죽음과 삶을 주관하시는 주,
당신께서 지켜주시네,
한밤에.

—
구스타프 말러, ED 1903

Widmung

Du meine Seele, du mein Herz,
Du meine Wonn', o du mein Schmerz,
Du meine Welt, in der ich lebe,
Mein Himmel du, darein ich schwebe,
O du mein Grab, in das hinab
Ich ewig meinen Kummer gab.
Du bist die Ruh, du bist der Frieden,
Du bist vom Himmel mir beschieden.
Daß du mich liebst, macht mich mir wert,
Dein Blick hat mich vor mir verklärt,
Du hebst mich liebend über mich,
Mein guter Geist, mein beßres Ich!

—

Robert Schumann, op.25(Myrten) Nr.1, 1840

봉헌

너는 나의 영혼, 나의 마음,
너는 나의 환희, 오 나의 고통,
너는 내가 살고 있는 나의 세계,
나의 하늘인 너, 나 거기서 날고 있네,
오 너는 나의 무덤, 내 고뇌를
영원히 그 속에 내려놓으리.
너는 안식, 너는 평화,
하늘이 너를 내게 정해주셨네.
네가 나를 사랑하니 나는 가치 있게 되었고,
너의 눈길은 내 모습 변화시켰네,
너는 나를 사랑으로 이끌어 올리니,
너는 나의 착한 넋, 나보다 더 나은 나여!

—
로베르트 슈만, op.25(Myrten) Nr.1, 1840

20

콘라트 프리드리히 에른스트 슐체

Konrad Friedrich Ernst Schulze, 1789-1817

—

봄날에 Im Frühling

콘라트 프리드리히 에른스트 슐체

Konrad Friedrich Ernst Schulze, 1789-1817)

슐체는 괴팅겐에서 신학, 철학 문학사, 미학을 공부했고 1812년 대학 강사가 된다. 슐체의 문학적 우상은 빌란트와 그의 운문서사시 『오베론Oberon』이었다.

슐체의 사랑하는 연인이자 친구였던 체칠리에Cäcilie의 죽음은 그의 일생에 중요한 사건이었다. 28세 젊은 나이에 폐결핵으로 사망한 후, 그의 편지와 일기가 엮어져 발간되는데, 여기서 슐체는 우아하면서도 감각적인 문체와 아울러 이성적이고 섬세한 자아 분석과 사회 분석을 보여준다. 질병에 대한 억압감과 체칠리에의 언니에 대한 상사병 때문에 그의 삶은 항상 그늘져 있었다.

1813년 출판된 『시집Gedichte』에는 두 편의 중요한 연작 비가와 서간문이 들어 있으며, 로코코와 감상주의 전통이 혼합된 시들이 수록되어 있다. 사후에 출판된 『문학 일기Poetisches Tagebuch』와 『베저탈 여행Reise durch das Weserthal』은 그의 강한 자아 중심적 의식을 보여준다. 체칠리에의 언니에 대한 사랑을 담은 그의 시들은 염세적 분위기 속에서 사랑, 사랑의 아픔, 자연, 문학 등을 주제로 하고 있다. 슐체는 비어마이어 시대의 가장 역량 있는 시인중의 한 사람이다.

낭만주의의 영향을 강하게 받은 그의 주요 작품 『체칠리에Cäcilie』는 작가의 생전에는 빛을 보지 못했다. 슐체는 스텐자(8행 각운의 시) 형식으로 쓴 이 작품에서 단테와 베아트리체, 페트라르카와 라우라의 관계처럼, 죽은 연인 체칠리에를 찬미한다. 역시 스텐자로 쓴 서사시 『마법에 걸린 장미Die bezauberte Rose』는 『체칠리에』보다 더 호감을 불러일으킨, 감수성을 자극하는 이야기이다. 이 작품은 비더마이어 시대에 많이 애독되었다. 빌란트의 요정신화를 낭만적으로 수용하면서, 사랑하는 사람을 장미로 표현하고, 그것을 다시 시인을 통해 재변신시키는 시와 사랑의 힘이 사람들을 크게 감동시킨 것이다.

Im Frühling

Still sitz ich an des Hügels Hang,
Der Himmel ist so klar,
Das Lüftchen spielt im grünen Tal,
Wo ich beim ersten Frühlingsstrahl
Einst, ach so glücklich war.

Wo ich an ihrer Seite ging
So traulich und so nah,
Und tief im dunkeln Felsenquell
Den schönen Himmel blau und hell
Und sie im Himmel sah.

Sieh, wie der bunte Frühling schon
Aus Knosp und Blüte blickt!
Nicht alle Blüten sind mir gleich,
Am liebsten pflückt ich von dem Zweig,
Von welchem sie gepflückt!

Denn alles ist wie damals noch,
Die Blumen, das Gefild;
Die Sonne scheint nicht minder hell,
Nicht minder freundlich schwimmt im Quell
Das blaue Himmelsbild.

봄날에

나 조용히 언덕비탈에 앉아 있네.
하늘은 그토록 맑고,
가벼운 바람은 푸른 계곡에서 노네,
언젠가 첫 봄 햇살을 받으며,
아 정말 행복해 했던 그곳에서.

거기서 그녀와 나란히 걸었지,
참 다정하고 가깝게.
깊은 곳 으슥한 바위 틈 샘물에서,
파랗고 밝은 아름다운 하늘과
하늘 속에 있는 그녀 모습 나 보았네.

보아라, 어느새 화사한 봄이
봉오리와 꽃들 속에서 바라보고 있음을!
모든 꽃들이 나에겐 똑같지 않으니,
그녀가 꺾었던 그 가지의
꽃을 나도 즐겨 꺾었네!

모든 것은 그 때와 다르지 않네,
꽃들도, 들판도.
태양은 여전히 밝게 빛나고,
샘물에는 파란 하늘의 영상이
여전히 다정스레 넘실대고 있네.

Es wandeln nur sich Will und Wahn,
Es wechseln Lust und Streit,
Vorüber flieht der Liebe Glück,
Und nur die Liebe bleibt zurück,
Die Lieb und ach, das Leid!

O wär ich doch ein Vöglein nur
Dort an dem Wiesenhang,
Dann blieb ich auf den Zweigen hier,
Und säng ein süßes Lied von ihr,
Den ganzen Sommer lang.

—

Franz Schubert, 1826

다만 의지와 망상이 교차하며,
기쁨과 갈등이 서로 뒤바뀔 뿐.
사랑의 행복은 어디론가 사라지고,
사랑만 홀로 남았구나,
사랑만이, 아, 고통만이!

오 내가 저 초원 언덕에
한 마리 새라면,
그러면 여기 나뭇가지에 앉아서
그녀에 대한 달콤한 노래를
여름 내내 불러줄텐데!

—
프란츠 슈베르트, 1826

21

루드비히 울란트

Ludwig Uhland, 1787-1862

—

루드비히 울란트

Ludwig Uhland, 1787-1862

뷔르템베르크의 명망 있는 가문에서 태어난 울란트는 1793년부터 라틴어 학교를 다녔고, 대학에서 법학을 공부했다. 서투른 문체와 초기 낭만주의의 영향을 보이는 1799년부터 1805년까지 울란트의 서정시는 멜랑콜리의 냄새가 짙게 풍기고, 옛 시대에 대한 동경의 분위기를 담고 있다. 그에게 새로운 자극을 준 것은 튀빙엔 문학 그룹이었다. 1815년에 그의 『시Gedichte』가 출판된다.

울란트는 1810년 법학박사 학위를 받은 후, 프랑스 법제도를 익히기 위해 일 년을 파리에서 머무르면서 샤미소Chamisso, 바른하겐Varnhagen 등과 만날 수 있었다. 시풍이 서사적으로 변하면서 울란트의 역사 담시들은 연작시 「라우셰바르트의 에버하르트 백작Graf Eberhard der Rauschebart」에 있는 니벨룽엔 구절에서 절정을 이룬다. 1815년에 울란트는 그의 『시』를 리트, 격언시, 소네트, 담시, 로만체로 분류하였다.

일생에 걸친 울란트의 학문적 관심은 1812년에야 비로소 「고대 프랑스 서사문학Über das altfranzösiche Epos」이라는 논문으로 결실을 맺는다. 그는 이 논문을 통해 독일 낭만주의 연구의 기초를 닦았다. 20년에 추진된 민네장Minnesang과 중세 영웅서사시에 대한 연구로 그는 1829년 튀빙엔 대학의 독문과 교수가 된다. 그러나 프랑스 7월 혁명으로 인해 정치적 이유로 그는 교수직을 포기한다. 이후 그는 개인교사 노릇을 하며 여생을 보낸다.

독문학의 선구자로서 울란트의 중요성은 20세기에 들어서야 비로소 제대로 알려졌지만, 서정시인으로서 그의 명성은 100년이 지난 지금까지도 변함이 없다. 관념론적인 민주주의자이자 낭만적이고 대중적이었던 이 시인은 19세기 독일 신화의 하나로 남아 있다.

Der Schmied

Ich hör meinen Schatz,
Den Hammer er schwinget,
Das rauschet, das klinget,
Das dringt in die Weite,
Wie Glockengeläute,
Durch Gassen und Platz.

Am schwarzen Kamin,
Da sitzet mein Lieber,
Doch geh ich vorüber,
Die Bälge dann sausen,
Die Flammen aufbrausen
Und lodern um ihn.

—

Johannes Brahms, op.19 Nr.4, 1858/59

대장장이

나 내 님의 소리를 듣네,
망치를 휘두르면서
소리내며, 울리며,
그 소리 멀리 퍼지네
종소리처럼,
골목과 광장으로.

시커먼 벽난로 옆에
내 님 앉아 있는데,
난 그냥 지나가지,
풀무가 식식거리니
화염이 이글대며
그의 주위에서 타오르네.

—
요하네스 브람스, op.19 Nr.4, 1858/59.

Frühlingsglaube

Die linden Lüfte sind erwacht,
Sie säuseln und weben Tag und Nacht,
Sie schaffen an allen Enden.
O frischer Duft, o neuer Klang!
Nur, armes Herze, sei nicht bang!
Nun muß sich alles, alles wenden.

Die Welt wird schöner mit jedem Tag,
Man weiß nicht, was noch werden mag,
Das Blühen will nicht enden;
Es blüht das fernste, tiefste Tal:
Nun, armes Herz, vergiß der Qual!
Nun muß sich alles, alles wenden.

—

Felix Mendelssohn-Bartholdy, op.9 Nr.8, 1825-28
Franz Schubert, op.20 Nr.2, 1820

봄의 신앙

부드러운 바람이 잠을 깨어
밤낮으로 속삭이고 살랑거리면서
온 사방에서 불어오네.
오 신선한 향기, 오 새로운 소리!
그러니 가엾은 마음아, 두려워 말아라!
이젠 모든 것이, 모든 것이 달라지리라.

세상은 나날이 아름다워지니,
또 어떻게 변할지 알 수 없네.
꽃들은 끊임없이 피어나네.
저 먼 깊은 골짜기에 만발하였네.
그러니 가엾은 마음아, 고통을 잊어라!
이젠 모든 것이, 모든 것이 달라지리라.

—

펠릭스 멘델스존-바르톨디, op.9 Nr.8, 1825-28
프란츠 슈베르트, op.20 Nr.2, 1820

22

아우구스트 폰 플라텐

August von Platen, 1796-1835

—

사랑이 속였네 Die Liebe hat gelogen

그대 나를 사랑하지 않네 Du liebst mich nicht

갑자기 일어나서 Wie rafft ich mich auf

슬프다, 나를 다시 에워싸다니 Wehe, so willst du mich wieder

아우구스트 폰 플라텐

August von Platen, 1796-1835

안스바흐에서 출생한 플라텐은 1806년 뮌헨의 사관학교에 입교하여 끔찍스러운 청소년기를 보낸다. 그는 감옥과 같은 생활에 시달리며 또 이 시기에 자신의 동성애적 성향을 발견하고 평생을 고통 속에서 살게 된다. 그러나 1814-17년 사이에는 기병 장교로 해방 전쟁에 참가하기도 했다. 뒤에 뷔르츠부르크 대학과 에어랑겐 대학에서 철학과 언어학을 공부했고, 26년에 이탈리아로 떠남으로써 시민의 평범한 삶을 버리고 이후 평생을 떠돌며 살게 된다. 자유와 도피는 그의 문학의 주제로 일찍부터 떠올랐는데, 1817년부터 그는 필라델피아로의 이민을 생각하고 또 자살을 꿈꾸기도 한다. 1835년 「봄 노래Frühlingslieder」에서는 이러한 죽음에의 동경을 읊고 있다.

시인으로서 그는 고귀성과 순수미를 존중하여, 언어 형식을 다듬는 데 노력하였다. 엄격하고 고상한 고전적 형식미를 닦았으나, 그 밑바닥에는 동경의 낭만적 심정이 흐르고 있다. 『가젤Ghaselen』(1821), 『베니스 소네트Venetianische Sonette』(1825) 등은 고전양식을 독자적으로 재생시킨 것이다. 그는 미를 숭상하였지만 미에 대한 그의 정열적인 사랑은 실현하기 어려웠다.

그는 개인적 고뇌 속에서도 냉철한 이성을 잃지 않으려 했으며, 자유주의적인 정치시를 쓰기도 했다. 또 풍자 희극 『저주받은 포크』, 『낭만적인 오이디푸스』 등에서는 아리스토파네스의 영향도 나타난다. 플라텐은 시칠리아에서 열병으로 객사하였다.

슈베르트가 그의 시 「사랑이 나를 속였네Die Liebe hat gelogen」, 「그대 나를 사랑하지 않네Du liebst mich nicht」을, 브람스는 「갑자기 잠을 깨어Wie rafft' ich mich auf」, 「슬프다, 나를 다시 에워싸다니Wehe, so willst du mich wieder」, 「내 잘못 생각했다고 그대 말하네Du sprichst, daß ich mich täuschte」, 「내 곁을 지나간 폭풍Der Strom, der neben mir verrauschte」 등에 곡을 붙였다.

Die Liebe hat gelogen

Die Liebe hat gelogen,
Die Sorge lastet schwer,
Betrogen, ach! betrogen
Hat alles mich umher!

Es fließen heiße Tropfen
Die Wange stets herab,
Laß ab, mein Herz, zu klopfen,
Du armes Herz, laß ab!

Die Liebe hat gelogen,
Die Sorge lastet schwer,
Betrogen, ach! betrogen
Hat alles mich umher

—

Franz Schubert, op.23 Nr.1, 1822

사랑이 속였네

사랑이 나를 속였네
근심이 무겁게 짓누르네,
나를 속였네, 아! 속였네,
이 세상 모든 것이.

뜨거운 눈물 흐르네
뺨을 타고 흐르네.
내 마음, 박동을 멈추어라,
가련한 마음아, 멈추어라!

사랑이 나를 속였네
근심만 무겁게 짓누르네,
나를 속였네, 아! 속였네,
이 세상 모든 것이.

—

프란츠 슈베르트, op.23 Nr.1, 1822

Du liebst mich nicht

Mein Herz ist zerrissen, du liebst mich nicht!
Wiewohl ich dir flehend und werbend erschien,
Und liebebeflissen, du liebst mich nicht!
Du hast es gesprochen, mit Worten gesagt,
Mit allzu gewissen, du liebst mich nicht!
So soll ich die Sterne, so soll ich den Mond,
Die Sonne vermissen, du liebst mich nicht!
Was blüht mir die Rose, was blüht der Jasmin,
Was blühn die Narzissen, du liebst mich nicht!

—

Franz Schubert, op.59 Nr.1, 1822

그대 나를 사랑하지 않네

내 마음은 찢어졌네, 그대 나를 사랑하지 않네!
내 그대에게 간청하며, 구애했을지라도,
사랑만을 구하여도, 그대 나를 사랑하지 않네!
그대는 말했네, 분명히 말했네,
언제나 한결같이, 그대 나를 사랑하지 않는다고!
나 별을, 나 달을 그리워하고,
해를 그리워해도, 그대 나를 사랑하지 않네!
장미가 피고, 재스민이 꽃피우고,
수선화 꽃이 펴도, 그대 나를 사랑하지 않네!

—

프란츠 슈베르트, op.59 Nr.1, 1822

Wie rafft ich mich auf

Wie rafft ich mich auf in der Nacht,
Und fühlte mich fürder gezogen,
Die Gassen verließ ich, vom Wächter bewacht,
Durchwandelte sacht in der Nacht,
Das Tor mit dem gotischen Bogen.

Der Mühlbach rauschte durch felsigen Schacht,
Ich lehnte mich über die Brücke,
Tief unter mir nahm ich der Wogen in acht,
Die wallten so sacht in der Nacht,
Doch wallte nicht eine zurücke.

Es drehte sich oben unzählig entfacht
Melodischer Wandel der Sterne,
Mit ihnen der Mond in beruhigter Pracht,
Sie funkelten sacht in der Nacht,
Durch täuschend entlegene Ferne.

Ich blickte hinauf in der Nacht,
Und blickte hinunter aufs neue:
O wehe, wie hast du die Tage verbracht,
Nun stille du sacht in der Nacht,
Im pochenden Herzen die Reue!

—

Johannes Brahms, op.32 Nr.1, 1864

갑자기 일어나서

갑자기 일어났네, 한밤에,
그리고 어디론가 이끌림을 느꼈네.
야경꾼의 감시를 받으며 골목을 나와서,
조용히 지나갔네, 한밤에,
고딕 양식의 아치가 있는 성문을.

물방아 시내는 바위 수갱으로 졸졸 흐르고,
나는 다리위로 몸을 기댄 채
발아래 물결을 유심히 보았네,
그 물결 조용히 흘러갔네, 한밤에,
어느 물결 되돌아오지 않았네.

하늘에는 타오르듯 수많은 별들이
노래 가락처럼 돌고 있었네.
별들과 함께 달도 고요하고 찬란하게,
그들은 조용히 반짝거렸네, 한밤에,
아득해 보이는 저 멀리에서.

위를 쳐다보았네, 한밤에,
그리고 다시 아래를 내려다보았네.
오 애달프구나, 너 어떻게 나날을 보냈는가,
이제 조용히 진정시키거라, 한밤에,
고동치는 가슴 속 회한을!

—

요하네스 브람스, op.32 Nr.1, 1864

Wehe, so willst du mich wieder

Wehe, so willst du mich wieder,
Hemmende Fessel, umfangen?
Auf und hinaus in die Luft
Ströme der Seele Verlangen,
Strebe dem Wind nur entgegen,
Daß er die Wange dir kühle,
Grüße den Himmel mit Lust!
Werden sich bange Gefühle
Im Unermeßlichen regen?
Atme den Feind aus der Brust!

—

Johannes Brahms, op.32 Nr.5, 1864

슬프다, 나를 다시 에워싸다니

슬프다, 너, 구속하는 올무가
나를 다시 에워싸려나?
하늘 드높이, 저 멀리
정신이 요구하는 것을 솟구치게 하라,
바람을 맞으려고 애쓸지니,
너의 뺨을 차갑게 하도록.
환희로 하늘을 맞이하라!
두려운 마음이
끝없이 요동치려나?
이 적을 가슴속에서 내몰며 숨쉴지니!

—
요하네스 브람스, op.32 Nr.5, 1864

23

프란츠 폰 슐레히타

Franz von Schlechta, 1796-1875

—

어부의 노래 Fischerweise

프란츠 폰 슐레히타

Franz von Schlechta, 1796-1875

슐레히타는 오스트리아 '공무원 문학Beamtenpoesie'의 대표자이다. 그는 군인의 아들로 태어나서 법학을 공부하고 시 공무원으로 재직하였으며, 은퇴할 때까지 평범한 생을 살았다. 청년기에 그는 취미로 오락적인 글을 썼다. 그의 상투적인 서정시, 교제시, 우아하고 해학적인 혹은 멜랑콜리한 각운시, 감성적 자연시 등은 비더마이어 시대의 문학연감이나 잡지에 발표되고 당시 독자들의 기대에 부응하여 호응을 얻었다. 「묘지에서Auf einen Kirchhof」, 「반영Widerschein」, 「어부의 노래Fischerweise」 같은 몇몇 시들은 슈베르트가 곡을 붙임으로써 오랫동안 사람들의 기억에 남게 되었다.

Fischerweise

Den Fischer fechten Sorgen
Und Gram und Leid nicht an;
Er löst am frühen Morgen
Mit leichtem Sinn den Kahn.

Da lagert rings noch Friede
Auf Wald und Flur und Bach,
Er ruft mit seinem Liede
Die gold'ne Sonne wach.

Er singt zu seinem Werke
Aus voller frischer Brust,
Die Arbeit gibt ihm Stärke,
Die Stärke Lebenslust.

Bald wird ein bunt Gewimmel
In allen Tiefen laut
Und plätschert durch den Himmel,
Der sich im Wasser baut.

Doch wer ein Netz will stellen,
Braucht Augen klar und gut ,
Muß heiter gleich den Wellen
Und frei sein wie die Flut.

어부의 노래

근심과 슬픔, 괴로움에도
어부는 개의치 않네.
이른 아침에 그 어부
가벼운 마음으로 배를 띄우네.

숲이며 들판과 시냇물,
주위는 여전히 평화롭네.
어부는 노래를 불러서
황금빛 태양을 깨우네.

그는 일하면서 노래하네
신선함에 벅찬 가슴으로.
노동은 그에게 힘을 주고
그 힘 그에게 삶의 기쁨 주네.

이윽고 깊은 물 속에는
여러 물고기 떼 나타나,
물 속에 비쳐진
하늘을 지나며 철벅거리네.

하지만 그물을 치려면
맑고 좋은 눈이 필요하다네,
물결처럼 명랑해야 하고
밀물처럼 자유로워야 하네.

Dort angelt auf der Brücke
Die Hirtin. Schlauer Wicht,
Gib auf nur deine Tücke,
Den Fisch betrügst du nicht.

—

Franz Schubert, op.96 Nr.4, 1826

저기 다리 위에 양치기 소녀가
낚시질하네. 교활한 사람아,
그대의 속임수를 포기하게나,
그대는 물고기를 속일 수 없으리.

—
프란츠 슈베르트, op.96 Nr.4, 1826

24

프란츠 폰 쇼버

Franz von Schober, 1798-1882

—

음악에 부쳐 An die Musik

프란츠 폰 쇼버

Franz von Schober, 1798-1882

화물관리인으로 활동한 아버지가 죽고 난 후 쇼버는 어린 시절을 알토나Altona에서 보낸다. 거기서 쇼버는 오스트리아 빈 태생의 어머니를 통해 클롭슈톡G. F. Klopstock과 클라우디우스Claudius와 접촉하게 된다. 1808년 빈에서 법학공부를 시작한 쇼버는 조형예술에 대한 재능과 문학적 소질로 〈은빛 커피집Silbernes Kaffeehaus〉이라는 그룹에 가입하게 된다. 여기에는 슈베르트와 화가 슈빈트Schwind도 속해 있었다. 슈베르트는 이 그룹의 잡지와 연감에 발표된 쇼버의 시를 여러 편 작곡했다. 쇼버는 배우, 교사 등 계속해서 불안정한 생활을 하다가 1839년에서 1847년까지 리스트Liszt의 비서로도 활동하고 바이마르의 군주 칼 알렉산더Karl Alexander의 고문역을 맡기도 했다.

쇼버의 문학작품은 아마추어적이면서 전형적인 비더마이어 경향을 보인다. 그의 섬세한 필치와 계몽적이며 박애주의적인 인간상은 18세기 풍속도에 뿌리를 두고 있다. 대가의 아류다운 면모도 엿보이는데, 특히 그의 명상시는 괴테의 전형을 그대로 따르고 있다. 쇼버가 무엇보다도 의미를 지니는 것은 슈베르트 클럽에서 후원자 역할을 했다는 점이다.

An die Musik

Du holde Kunst, in wieviel grauen Stunden,
Wo mich des Lebens wilder Kreis umstrickt,
Hast du mein Herz zu warmer Lieb entzunden,
Hast mich in eine beßre Welt entrückt!

Oft hat ein Seufzer, deiner Harf entflossen,
Ein süßer, heiliger Akkord von dir
Den Himmel beßrer Zeiten mir erschlossen,
Du holde Kunst, ich danke dir dafür!

—

Franz Schubert, op.88 Nr.4, 1817

음악에 부쳐

그대 사랑스러운 예술이여, 수없이 음울했던 시절에,
내 거친 삶 속에 얽매였을 때,
그대는 내 마음을 따뜻한 사랑으로 타오르게 하며,
더 나은 세계로 이끌어 주었네.

종종 그대의 하프에서 흘러나온 한숨,
그대의 감미롭고 거룩한 화음은
천국의 복된 시간들을 내게 열어주었으니,
그대 사랑스러운 예술이여, 감사하오.

—

프란츠 슈베르트, op.88 Nr.4, 1817

25

하인리히 하이네

Heinrich Heine, 1797-1856

—

노래의 날개 위에 Auf Flügeln des Gesanges

죽음, 그것은 차가운 밤 Der Tod, das ist die kühle Nacht

로렐라이 Die Lorelei

연꽃 Die Lotosblume

너는 한 송이 꽃처럼 Du bist wie eine Blume

그녀의 초상 Ihr Bild

고독한 눈물은 왜일까? Was will die einsame Träne?

하인리히 하이네

Heinrich Heine, 1797-1856

뒤셀도르프에서 유태인 포목상의 장남으로 태어난 하이네의 본명은 하리 하이네Harry Heine였다. 그는 프로테스탄트로 개종하면서 하인리히로 개명하였다. 어린 시절 프랑스 지배하의 경험과 봉건적 독일에 대한 저항감에서 비롯된 자유와 해방에 대한 열망은 그의 전 생애를 일관하는 사상이 된다. 그는 1819년 본 대학에 입학, 베를린과 괴팅겐에서 법학을 공부하였으나, 문학·철학에도 관심을 가져 슐레겔과 헤겔 등의 강의를 듣기도 했다.

하이네는 22년에 처녀시집 『시Gedichte』를 내놓으며 활발한 문학활동을 전개하고, 27년에 발표한 『노래의 책Das Buch der Lieder』으로 시인으로서 명성을 얻는다. 그의 서정시에서는 사촌 아말리아Amalia를 향한 이룰 수 없는 사랑의 고통과 슬픔, 그리움이 주제로 나타나는데, 소박한 민요풍의 리듬과 풍부한 음감의 언어가 조화를 이루어 슈베르트, 슈만 등 여러 작곡가들에 의해, 가곡으로 재탄생되기도 했다. 이 중 슈만이 하이네 시들 가운데 발췌하여 작곡한 연가곡집 『시인의 사랑Dichterliebe』, 『리더크라이스Liederkreis』는 독일 가곡사에서 가장 중요한 업적 가운데 속한다. 그러나 『노래의 책』의 일부 시들에서 이미 사회의 모순을 고발하고 인류의 해방을 지향하는 시인의 면모가 나타나기도 한다. 산문 『여행 그림Reisebilder』(1827)에서는 낭만적·서정적 범주에서 탈피하여, 냉혹한 현실을 냉소하고 독일인의 편협성을 공격하며, 교회나 귀족을 날카롭게 비판하는데, 이로 인해 작품의 발매금지 처분을 받기도 한다.

그는 인류해방을 위한 전사로서 자신의 사명을 인식하고 정치선언을 하지만, 건강이 몹시 쇠약해져 1830년 헬골란트 섬에서 요양을 하게 된다. 이 때 파리의 7월 혁명에 대한 소식을 듣고 고무되어 봉건독일에 대한 투쟁을 새롭게 결심하지만, 체포의 위협을 느껴 1831년 파리로 망명한다. 이후 파리는 하이네가 죽을 때까지 거주하는 제2의 고향이 된다.

파리에서 그는 생시몽주의의 영향 아래 시대 비판적 시각에서 독일 문학과 철학 전반을 비판하여, "예술시기의 종말"을 선언하고 새로운 예술의 시작을 알린다. 이상주의적 가상의 세계에 안주했던 이전의 문학은 끝나고 이제 문학은 현실과의 긴밀한 관계 속에서 사회적 기능을 확보해야 한다는 것이다. 하이네는 먼저 망명해온 L. 뵈르네 및 프랑스 낭만파 시인들과 친교를 맺으며 정열적인 문필활동을 전개한다. 그의 활동 영역은 독일 외부에 있었지만, 프랑스의 실태를 독일에 알리고 또 독일의 진실과 아름다움을 프랑스에 소개함으로써 독일과 프랑스 문화의 교량 역할에 기여하였다. 이로 인해 하이네는 체제 비판적 작가 그룹인 '청년 독일파Junges Deutschland'의 대표 작가로 지목되고, 1835년에는 그의 모든 저작이 발매금지 처분을 받게 된다.

1841년 18살 연하의 마틸데Mathilde와 결혼한 하이네는 안정된 분위기 속에서 창작에 몰두하여, 독일 낭만파의 전통을 근본적으로 풍자하는 운문 서사시 『아타트롤. 한 여름밤의 꿈Atta Troll. Ein Sommernachtstraum』, 풍자적인 혁명적 운문 서사시 『독일, 겨울동화Deutschland. Ein Wintermärchen』 등을 쓴다. 1844년 파리에 와 있던 마르크스와 친교를 맺으면서 어조가 더 강화되지만 당시 프랑스의 혁명 주도계층이 보여준 급진성이나 강력한 정치적 행동으로까지 나아가지는 않는다.

1848년 프랑스 2월 혁명 이후 척추 결핵으로 쓰러진 하이네는 이후 사망할 때까지 8년 동안 병상에서 지내게 된다. 전신마비로 손가락만 겨우 움직일 수 있었던 극한상황에서 발표한 『로만체로Romanzero』에서는 고통을 해학으로 감싸고 새로운 종교적 귀의의 경지를 개척하려는 시인의 의지가 나타난다. 병이라는 개인적 한계로 인해 정치적 문제와는 일정한 거리를 취할 수밖에 없었지만, 계속적으로 자유와 사회의 권리에 대해서는 계속 숙고하였으며, 특히 『루테치아Lutezia』에서는 자신의 정치 견해를 밝히면서 공산주의의 수용적 입장과 그에 대한 불안감을 기술하기도 했다. 실연의 슬픔과 사랑의 정열을 노래한 서정시인에서 출발하여 반(反)전통적·혁명적 저널리스트로의 변신, 그리고 말년에는 고통 가운데서 신으로의 귀의를 소망하기도 했던 시인 하이네는 그의 초기 낭만적 서정시에서나 정치적 민중시에 있어서나 여전히 19세기 최대의 시인으로 평가되고 있다.

슈베르트는 14곡으로 이루어진 『백조의 노래Schwanengesang』의 Nr.8-13에서 하이네의 시 「아틀라스 신Der Atlas」, 「그녀의 초상Ihr Bild」, 「고기잡이 아가씨Das Fischermädchen」, 「도시Die Stadt」, 「바닷가에서Am Meer」, 「분신Der Doppelgänger」에 곡을 붙였다. 그리고 멘델스존-바르톨디는 「노래의 날개 위에Auf Flügeln des Gesanges」를 작곡했다.

슈만은 「저녁에 해변가에서Abends am Strand」, 「그대의 얼굴Dein Angesicht」, 「불쌍한 페터Der arme Peter」, 「그대는 한 송이 꽃처럼Du bist wie eine Blume」, 「연꽃Die Lotosblume」, 「고독한 눈물은 왜일까Was will die einsame Träne」, 「내 사랑 빛나네Es leuchtet meine Liebe」, 「비극Tragödie」을 작곡했고, 리스트는 하이네의 유명한 시 「로렐라이Die Lorelei」와 「무화과나무 외롭게 서 있네Ein Fichtenbaum steht einsam」에 곡을 붙였다. 또한 브람스는 「달빛Mondenschein」, 「여름 저녁Sommerabend」, 「죽음, 그것은 서늘한 밤Der Tod, das ist die kühle Nacht」를, 후고 볼프는 「나의 커다란 고통에서Aus meinen großen Schmerzen」를, 슈트라우스는 「나쁜 날씨Schlechtes Wetter」를 작곡했다.

『노래의 책』에 실린 것으로 브람스가 작곡한 「죽음, 그것은 서늘한 밤」과 같은 곡은 리스트가 작곡한 「로렐라이Lorelei」는 괴테의 「들장미Heideröslein」, 클라우디우스의 「저녁의 노래Abendlied」등과 같이 예술가곡으로 분류된다.

Auf Flügeln des Gesanges

Auf Flügeln des Gesanges,
Herzliebchen, trag ich dich fort,
Fort nach den Fluren des Ganges,
Dort weiß ich den schönsten Ort;

Da liegt ein rotblühender Garten
Im stillen Mondenschein,
Die Lotosblumen erwarten
Ihr trautes Schwesterlein.

Die Veilchen kichern und kosen,
Und schaun nach den Sternen empor,
Heimlich erzählen die Rosen
Sich duftende Märchen ins Ohr.

Es hüpfen herbei und lauschen
Die frommen, klugen Gazelln,
Und in der Ferne rauschen
Des heilgen Stromes Welln.

● 이 시는 하이네의 시집 『노래의 책Buch der Lieder』의 「시적 간주곡Lyrisches Intermezzo」(1822-1823) 속에 들어있는 아홉 번째 노래이다. 시적 간주곡에 들어있는 시에서 사랑은 현존의 장소에서 이루어지는 것이 아니라 부재의 장소에서의 노래이다. 그 가운데 주체인 시적 자아도 통일성과 완전성을 이루지 못하고 정신과 몸은 분리된 채 나타난다. 부재의 장소인 사

노래의 날개 위에

노래의 날개 위에,
내 사랑, 그대를 실어 가겠어요,
갠지스 강가 들판으로.
거기 아름다운 곳을 나 알아요.

조용한 달빛 아래
빨갛게 꽃 피는 정원이 있지요.
연꽃들이 기다립니다,
그들의 사랑스러운 자매를.

제비꽃들은 웃으며 애무하다가
별들을 쳐다보고,
장미꽃들은 향기로운 동화를
살그머니 귓전에 들려주네.

그러면 순진하고 영리한 가젤들이
껑충 뛰어와서 그 얘길 듣지요.
그리고 멀리선 성스러운 강의
파도 소리 들려오지요.

랑의 장소는 작가의 직접적인 체험을 노래하는 1인칭 시적 자아의 체험시와 허구적 작가인 1인칭 시적 자아의 노래 사이에 위치한다. 여기서는 1연의 "노래의 날개 위"나 "갠지스 강가 들판", 3연의 "동화"의 나라, 5연의 "종려나무 아래" 등으로 나타난다.

Dort wollen wir niedersinken
Unter dem Palmenbaum,
Und Liebe und Ruhe trinken,
Und träumen seligen Traum.

—

Felix Mendelssohn-Bartholdy, op.34 Nr.2, 1833/34

그곳에서 우리는
종려나무 아래 내릴 거예요.
우리는 사랑과 안식을 마시고
행복한 꿈을 꾸게 될 거예요.

—

펠릭스 멘델스존-바르톨디, op.34 Nr.2, 1833/34

Der Tod, das ist die kühle Nacht

Der Tod, das ist die kühle Nacht,
Das Leben ist der schwüle Tag.
Es dunkelt schon, mich schläfert,
Der Tag hat mich müd gemacht.

Über mein Bett erhebt sich ein Baum,
Drin singt die junge Nachtigall;
Sie singt von lauter Liebe,
Ich hör, ich hör es sogar im Traum.

—
Johannes Brahms, op.96 Nr.1, 1884/85

● 이 시는 하이네의 시집 『노래의 책Buch der Lieder』 속의 「귀향Heimkehr」(1823/24)에서 여든 일곱 번째로 실려 있는 시다. 『노래의 책』에 실려 있는 대부분의 시가 그렇듯이 이 시 또한 체험시와 순수한 허구적 시와의 차이에서 오는 불안감을 묘사하고 있다. 이 시의 제목이

죽음, 그것은 차가운 밤

죽음, 그것은 차가운 밤,
삶은 무더운 낮이라네.
벌써 어두워지고 졸음이 오네,
낮은 나를 지치게 했지.

내 침상 위로 서 있는 한 그루 나무,
거기서 어린 밤 꾀꼬리 노래하네.
그 새 오직 사랑만을 노래하는데,
나는 듣네, 나 꿈속에서도 그 노래 듣네.

—
요하네스 브람스, op.96 Nr.1, 1884/85

보여주는 '죽음, 그것은 차가운 밤'이라는 과격한 메타포는 접근할 수 없는 사랑의 극단적인 고통을 후기낭만주의 풍의 노래로 승화시키고 있다. 이 시에서는 낭만주의의 전통적인 밤 꾀꼬리 모티프를 통해 고통을 무의식의 말하기인 꿈속의 노래로 승화시키고 있다.

Die Lorelei

Ich weiß nicht, was soll es bedeuten,
Daß ich so traurig bin;
Ein Märchen aus alten Zeiten,
Das kommt mir nicht aus dem Sinn.

Die Luft ist kühl und es dunkelt,
Und ruhig fließt der Rhein;
Der Gipfel des Berges funkelt
Im Abendsonnenschein.

Die schönste Jungfrau sitzet
Dort oben wunderbar,
Ihr goldnes Geschmeide blitzet,
Sie kämmt ihr goldenes Haar.

● 독일 시 중에서 가장 널리 알려진 시 중의 하나인 이 시는 하이네의 시집 『노래의 책Buch der Lieder』 속의 「귀향Heimkehr」(1823/24)에서 두 번째로 실려 있는 시다. 이 시의 제목인 '로렐라이'는 게르만 신화에서 로렐라이 바위위에 있는 인어형상을 한 바다의 요정 '닉세Nixe'를 의미한다. 그리고 로렐라이가 어원적으로 '숨어서 기다리는 바위' 또는 '외치는 바위'라는 의미를 지니고 있다는 점에서 신화적 인물인 메아리 신 '에코Echo'와 깊은 연관이 있다. 에코는 연인을 잃어버린 슬픔으로 인해 바위로 변하게 된다. 낭만주의 시인 클레멘스 브렌타노Clemens Brentano는 소설 『고트비 또는 돌로 굳어진 어머니의 이미지Godwin oder die steinernde Bilder der Mutter』(1801/2)에서 로렐라이를 문학적으로 의인화한다. 하이네는 1824년 이 시에서 낭만주의 모티프를 수용하면서 이를 점증되는 파토스로 아이러니화하고 있다. 독일 작곡가이자 음악교육가인 프리드리히 질허Friedrich Silcher가 1837년 하이네의 이 시를 작곡한다. 그리고 프란츠 리스트Franz Liszt가 1841년에 이 시를 다시 작곡한다. 특히 리스트가 작곡한 1840년대 초는 라인 강이 독일정신의 보루로서 정치적 의미를 지니고 있는 시대이다. 「로렐라이」에서 귀향하는 시적 자아인 '나'는 로렐라이 언덕을 바라보면서 현재를 과거와 연관시키고

로렐라이

내가 슬퍼하는 것이
무슨 뜻인지 나 알 수 없으나,
예로부터 전해오는 동화 하나
내 마음에서 떠나지 않네.

대기는 차고 어둑한데
고요히 흐르는 라인강.
산꼭대기는 빛나네
저녁 햇살 속에서.

그 위에는 놀랍게도
아름다운 처녀가 앉아 있네.
황금 장신구 번쩍거리며,
금빛 머리카락을 빗는 그녀.

있다. 이런 관점에서 보면 '나'는 현실적 자아가 아니고 동화적 자아다. 1연에서 자아는 자신도 알지 못하는 슬픔의 이유를 '예부터 전해오는 동화'인 로렐라이동화를 회상하고 있다. 1연의 '나 알 수 없으나Ich weiß nicht'라는 사건 진행의 불확실성은 마지막 6연에서 '(삼켜)버렸겠지Ich glaube'라는 추측으로 이어지면서 이 시 전체가 동화의 서술구조를 지니고 있음을 보여주고 있다. 1연에서 시적 자아가 자신이 왜 멜랑콜리한 상태에 처해있는지를 '알 수 없다'라는 고백에 대한 스스로의 대답은 마지막 연에서 제시되는데, 그 대답은 "로렐라이가 노래를 불러서/ 그렇게 한 것이지"라는 동화적 추측으로 대신된다. 그 가운데 있는 2연부터 5연은 이러한 추측을 가능하게 하는 로렐라이에 대한 서술이다. 특히 3연은 이를 잘 보여주고 있다. 즉 "황금 장신구를 번쩍거리며/ 금빛 머리카락을 빗는" "아름다운 처녀"인 로렐라이가 부르는 "놀랍고도/ 강열한 멜로디"가 멜랑콜리에 대한 이유가 된다는 것이다. 역설적으로 노래의 강열한 폭력성이 배의 파괴와 죽음으로 이어지게 하는 원인이 된다는 것이다. 이런 점에서 이 시는 언어의 음악화를 통해 낭만주의가 추구했던 '가장 아름다운 노래'도 파괴적일 수 있다는 점을 부각시키고 있다.

Sie kämmt es mit goldenem Kamme,
Und singt ein Lied dabei;
Das hat eine wundersame,
Gewaltige Melodei.

Den Schiffer im kleinen Schiffe
Ergreift es mit wildem Weh;
Er schaut nicht die Felsenriffe,
Er schaut nur hinauf in die Höh'.

Ich glaube, die Wellen verschlingen
Am Ende Schiffer und Kahn;
Und das hat mit ihrem Singen
Die Lorelei getan.

—

Franz Liszt, 1841

황금 빗으로 머리를 빗으면서
그녀는 노래 하나 부르네.
놀랍고도
강렬한 멜로디의 노래를.

그 노래가 작은 배의 사공을
거칠고 고통스레 사로잡아,
그는 바위를 보지 못하네.
그저 산 위만 바라볼 뿐.

결국 그 물결이
뱃사람과 배를 삼켜버렸겠지.
로렐라이가 노래를 불러서
그렇게 한 것이지.

—
프란츠 리스트, 1841

Die Lotosblume

Die Lotosblume ängstigt
Sich vor der Sonne Pracht,
Und mit gesenktem Haupte
Erwartet sie träumend die Nacht.

Der Mond, der ist ihr Buhle,
Er weckt sie mit seinem Licht,
Und ihm entschleiert sie freundlich
Ihr frommes Blumengesicht.

Sie blüht und glüht und leuchtet
Und starret stumm in die Höh';
Sie duftet und weinet und zittert
Vor Liebe und Liebesweh.

—

Robert Schumann, op.25(Myrthen) Nr.7, 1840

● 이 시는 하이네의 시집 『노래의 책Buch der Lieder』의 「시적 간주곡Lyrisches Intermezzo」(1822-1823) 속에 들어있는 노래로서 「노래의 날개 위에Auf Flügeln des Gesanges」 다음에 놓여 있는 열 번째 노래이다. 「노래의 날개 위에」의 2연에서 "조용한 달빛 아래/ 빨갛게 꽃 피는 정

연꽃

연꽃은 찬란한 태양이
두려워서
고개를 숙이고
꿈꾸며 밤을 기다리네.

달은 그녀의 애인,
달빛 비춰 그녀를 깨우면
달빛에서 살며시 나와 다정스레
그 연꽃, 순진한 얼굴을 드러내지.

활짝 피어 발갛게 빛나며
묵묵히 하늘을 바라보지.
향기롭게 울면서 떨고 있네,
사랑과 사랑의 아픔 때문에.

—

로베르트 슈만, op.25(Myrthen) Nr.7, 1840

원이 있지요./ 연꽃들이 기다립니다,/ 그들의 사랑스러운 자매를."와 같이 연꽃을 여성으로 의인화시키면서 '사랑하는 자매'와 등치시키고 있는데, 이 시에서도 연꽃을 "사랑과 사랑의 아픔 때문에" "꿈꾸며" 밤을 기다리는 여인으로 승화시키고 있다.

Du bist wie eine Blume

Du bist wie eine Blume
So hold und schön und rein;
Ich schau dich an, und Wehmut
Schleicht mir ins Herz hinein.

Mir ist, als ob ich die Hände
Aufs Haupt dir legen sollt,
Betend, daß Gott dich erhalte
So rein und schön und hold.

—

Robert Schumann, op.25(Myrthen) Nr.24, 1840

● 이 시는 하이네의 시집 『노래의 책Buch der Lieder』의 「귀향Heimkehr」(1823/24)에서 마흔일곱 번째로 실려 있는 시다.

너는 한 송이 꽃처럼

너는 한 송이 꽃처럼
그렇게 사랑스럽고 아름답고 순결하여,
너를 바라보면 내 마음속으로
슬픔이 살그머니 파고든단다.

너의 머리 위에 손을 얹고
기도해야 할 것 같은 마음이란다.
하나님이 너를 지켜주시기를,
순결하고 아름답고 사랑스럽도록.

—
로베르트 슈만, op.25(Myrthen) Nr.24, 1840

Ihr Bild

Ich stand in dunkeln Träumen
Und starrt' ihr Bildnis an,
Und das geliebte Antlitz
Heimlich zu leben begann.

Um ihre Lippen zog sich
Ein Lächeln wunderbar.
Und wie von Wehmutstränen
Erglänzte ihr Augenpaar.

Auch meine Tränen flossen
Mir von den Wangen herab.
Und ach! ich kann es nicht glauben,
Daß ich dich verloren hab!

—

Franz Schubert, 1828
Hugo Wolf, 1878

그녀의 초상

나 어두운 꿈속에 있었네,
그녀의 초상을 주시하노라니,
사랑스러운 그 얼굴이
은밀하게 살아나기 시작했네.

그녀의 입가에는
놀라운 미소가 퍼졌네.
그리고 슬픔의 눈물처럼
그녀의 두 눈이 반짝였네.

그리고 나의 눈물도
두 뺨을 타고 흘러내렸네.
아, 나는 도저히 믿을 수 없어,
내가 너를 잃어버렸다니!

—

프란츠 슈베르트, 1828
후고 볼프, 1878

Was will die einsame Träne?

Was will die einsame Träne?
Sie trübt mir ja den Blick.
Sie blieb aus alten Zeiten
In meinem Auge zurück.

Sie hatte viel leuchtende Schwestern,
Die alle zerflossen sind,
Mit meinen Qualen und Freuden
Zerflossen in Nacht und Wind.

Wie Nebel sind auch zerflossen
Die blauen Sternelein,
Die mir jene Freuden und Qualen
Gelächelt ins Herz hinein.

Ach, meine Liebe selber
Zerfloß wie eitel Hauch!
Du alte, einsame Träne,
Zerfließe jetzunder auch!

—

Robert Schumann, op.25(Myrten) Nr.21, 1840

고독한 눈물은 왜일까?

고독한 눈물은 왜일까?
눈앞이 흐려지네.
이 눈물은 오래 전부터
내 눈에 남아 있던 것이지.

반짝거리는 눈물자매 많았으나
모두 흘러버리고 말았네.
내 고통과 기쁨 더불어
밤과 바람 속에 녹아버렸네.

안개처럼 사라졌네,
기쁠 때나 괴로울 때
내 마음속에서 미소짓던
귀여운 푸른 별들도.

아, 나의 사랑마저도
공허한 입김처럼 녹아버렸지!
오래된 고독한 눈물아,
이젠 너도 흘러 사라져라!

—
로베르트 슈만, op.25(Myrten) Nr.21, 1840

26 야콥 니콜라우스 크라이거 데 야헬루타

Jacob Nicolaus Craigher de Jachelutta, 1799-1855

—

젊은 수녀 Die junge Nonne

야콥 니콜라우스 크라이거 데 야헬루타

Jacob Nicolaus Craigher de Jachelutta, 1799-1855

크라이거는 이탈리아 태생이지만 여러 외국어를 할 줄 알았고, 비엔나에서 한동안 살았다. 재능 있는 상인으로 부유했던 그는 시와 음악에도 조예가 깊었다. 그는 독실한 가톨릭 신자로서 1820년대 비엔나에서 슐레겔의 모임에 참석하기도 했다. 시적 경향에 있어서 그는 클롭슈톡, 횔티, 포스 등이 속한 괴팅겐 〈숲의 단체〉의 문하생이다. 1825년 10월에 크라이거는 슈베르트와 슈베르트의 친구인 화가 슈빈트Schwind를 만나게 된다. 슈베르트는 크라이거의 시 「젊은 수녀Die junge Nonne」와 「묘혈꾼의 향수Totengräbers Heimweh」 두 편을 작곡했고, 크라이거는 슈베르트가 괴테의 시에 곡을 붙인 「만남과 이별Willkommen und Abschied」을 이태리어로 번역하기도 했다.

Die junge Nonne

Wie braust durch die Wipfel der heulende Sturm!
Es klirren die Balken, es zittert das Haus!
Es rollet der Donner, es leuchtet der Blitz,
Und finster die Nacht, wie das Grab!

Immerhin, immerhin, so tobt' es auch jüngst noch in mir!
Es brauste das Leben, wie jetzo der Sturm,
Es bebten die Glieder, wie jetzo das Haus,
Es flammte die Liebe, wie jetzo der Blitz,
Und finster die Brust, wie das Grab.

Nun tobe, du wilder, gewalt'ger Sturm,
Im Herzen ist Friede, im Herzen ist Ruh,
Das Bräutigams harret die liebende Braut,
Gereinigt in prüfender Glut,
Der ewigen Liebe getraut.

Ich harre, mein Heiland, mit sehnendem Blick!
Komm, himmlischer Bräutigam, hole die Braut,
Erlöse die Seele von irdischer Haft.
Horch, friedlich ertönet das Glöcklein vom Turm!
Es lockt mich das süße Getön
Allmächtig zu ewigen Höh'n.
Alleluia!

—

Franz Schubert, op.43 Nr.1, 1825

젊은 수녀

나무들 사이로 소리내며 울부짖는 저 폭풍!
발코니가 덜컹거리고 집이 흔들리네!
천둥이 몰아치며 번개가 번쩍이는데,
이 밤은 무덤같이 캄캄하구나!

그래, 아무튼 얼마 전까지 내 마음도 저리 날뛰었지!
삶은 지금 저 폭풍처럼 요란했고,
온 몸은 지금 이 집처럼 진동했고,
사랑은 지금 저 번개처럼 불타올랐고,
그리고 가슴은 무덤처럼 캄캄했었지.

거칠고 사나운 폭풍아, 계속 날뛰거라,
내 마음엔 평화와 안식이 있노라.
신랑께서 사랑하는 신부를 기다리시네,
시련의 불길로 정화되고
영원한 사랑으로 맺어진 신부를.

구세주여, 그리움의 눈길로 기다리나이다!
오소서, 천상의 신랑이여, 신부를 데려가소서,
이 영혼을 지상의 속박에서 구원하소서.
들어봐, 탑의 종소리가 평화로이 울리는 것을!
그 감미로운 울림, 전능의 힘으로
나를 부르네, 영원한 저 천국으로,
할렐루야!

프란츠 슈베르트, op.43 Nr.1, 1825

27

게오르그 프리드리히 다우머

Georg Friedrich Daumer, 1800-1875

—

미동도 않는 미풍 Unbewegte, laue Luft

우리는 걸었네 Wir wandelten

게오르그 프리드리히 다우머

Georg Friedrich Daumer, 1800-1875

모피제조업을 하던 아버지가 파산한 후, 다우머는 뉘른베르크에서 김나지움을 마치고, 장학금과 개인교습으로 학비를 조달하면서 에어랑엔과 라이프치히에서 복음이론을 공부했다. 1823년 그는 고전 언어학자가 되어 뉘른베르크 김나지움으로 돌아왔지만, 1826년에 곧 정직된다. 「혁명 이후 정신적 발전의 진보와 그 과정」이라는 글에서 편파적인 이성 및 감성의 문화에 맞서면서 믿음과 지식 사이의 틈을 연결할 수 없는 것으로 기술했기 때문이다.

그는 교회의 사회적 무지에 환멸을 느끼고 또 1830년의 콜레라 대참사를 교회가 신의 형벌이라고 설명했을 때, 결정적으로 기독교의 격렬한 반대자가 된다. 「안식일」, 「제물과 금기」 같은 글로 그는 기독교를 공격하였다. 그러나 신이 창조한 고귀한 인간이 미래의 천사라는 생각이 '은둔철학'으로 발전하면서, 그는 1858년 다시 기독교로 돌아왔다.

브람스는 그의 시들을 애호하여, 「미동도 않는 미풍 Unbewegte, laue Luft」, 「우리는 걸었네 Wir wandelten」, 「아, 눈길을 돌려다오 Ach, wende diesen Blick」 등에 곡을 붙였다.

Unbewegte, laue Luft

Unbewegte, laue Luft
tiefe Ruhe der Natur;
durch die stille Gartennacht
plätschert die Fontäne nur,
Aber im Gemüte schwillt
heißere Begierde mir,
aber in den Adern quillt
Leben und verlangt nach Leben.
Sollten nicht auch deine Brust
sehnlichere Wünsche heben?
Sollte meiner Seele Ruf
nicht die deine tief durchbeben?
Leise mit dem Ätherfuß
säume nicht, daherzuschweben!
Komm, o komm, damit wir uns
himmlisches Genüge geben!

—

Johannes Brahms, op.57 Nr.8, 1871

미동도 않는 미풍

미동도 않는 미풍,
자연의 깊은 휴식
고요한 정원의 밤에
연못만 물소리를 내는구나.
하지만 내 마음속엔
뜨거운 욕망이 일어나고,
그러나 혈관 속에선
생명이 솟아 나오고, 생명을 갈망한다.
너의 가슴속에서도
그리워하는 바람이 일지 않느냐
내 영혼의 외침이
네 영혼 깊숙이 사무치지 않느냐?
가벼운 발걸음으로 나지막이
이리저리 움직이기를 주저하지 말지니!
오게나, 오 오게, 우리가
천상의 만족을 얻도록!

—

요하네스 브람스, op.57 Nr.8, 1871

Wir wandelten

Wir wandelten, wir zwei zusammen,
ich war so still und du so stille;
ich gäbe viel, um zu erfahren,
was du gedacht in jenem Fall.
Was ich gedacht, unausgesprochen
verbleibe das! Nur Eines sag ich:
so schön war alles, was ich dachte,
so himmlisch heiter war es all!
In meinem Haupte die Gedanken,
sie läuteten wie goldne Glöckchen;
so wundersüß, so wunderlieblich
ist in der Welt kein andrer Hall.

—

Johannes Brahms, op.96 Nr.2, 1884

우리는 걸었네

우리는 걸었지, 우리 둘이 함께.
나는 내내 조용했고 그대도 그랬어.
그 때 그대가 뭘 생각했는지
무척 궁금하군.
내가 뭘 생각했는지, 그건 절대로
말할 수 없어요! 한 가지만 말하죠,
내 생각은 모두 아름다웠다고,
천국처럼 즐거운 생각이었어요!
그 생각은 내 머릿속에서
작은 황금 종처럼 울렸어요,
이 세상 어떤 소리도 그렇게
감미롭고 사랑스러울 순 없지요.

—
요하네스 브람스, op.96 Nr.2, 1884

28

율리우스 모젠

Julius Mosen, 1803-1867

—

호두나무 Der Nußbaumf

율리우스 모젠

Julius Mosen, 1803-1867

극작가이자 시인, 소설가, 편집자, 연출가로 다양한 활동을 했던 모젠은 교사의 아들로 태어나 예나 대학에서 철학과 법학을 전공했다. 그는 대학생조합에 가입하여 활동하다가 1825년 칼 아우구스트 바이마르 공작Karl August von Weimar(예나 대학교 총장)의 행정 50주년 기념축제 때 시를 발표하여, 상금도 받고 괴테의 인정을 받게 된다. 그는 이 상금으로 3년 동안의 이탈리아 여행비용으로 써버린다. 1824년에는 『시문학Dichtungen』지를 발행하여 많은 돈을 벌어들이고, 1828년에는 라이프치히에서 사법고시에 합격하여 변호사 일을 시작한다. 1831년에 라이프치히 근교에 있는 코렌에서 법원 서기가 되고, 1834년에는 드레스덴에서 변호사 사무실을 개업한다. 여기서 모젠은 여러 예술가, 문인들과 교류하게 된다. 울란트Uhland, 호프만 폰 팔러스레벤Hoffmann von Fallersleben, 구츠코우Gutzkow, 마이스너Meißner나 헤르베크Herwegh 같은 시인들이 그의 손님이었다. 그들은 대개 참여시를 쓰는 좌파와 자유파의 대표자들이었다.

모젠의 문학적 창작력이 풍부했던 시기는 30년대와 40년대 초였다. 1836년에 그는 『시집Gedichte』을 발행하는데 그 중에 인기 있는 작품들이 많았다. 1831년에는 단편소설 『게오르크 벤로트Georg Venlot』, 1835년에는 성담곡 『욥Hiob』을, 1842년에는 2권짜리 장편소설 『베로나 회의Der Congress von Verona』를 발표한다. 대부분 인습을 따른 그의 시들은 문학적으로 높이 평가되지 않았다. 극적인 긴장과 정확한 성격묘사가 부족한 그의 서사문학 작품들도 마찬가지이다.

모젠의 시 「호두나무Nußbaum」을 슈만이 연가곡 『미르테Myrte』의 두 번째 곡으로 작곡하였다.」

Der Nußbaum

Es grünet ein Nußbaum vor dem Haus,
Dufig, lufig breitet er blättrig die Äste aus.

Viel liebliche Blüten stehen dran;
Linde Winde kommen, sie herzlich zu umfahn.

Es flüstern je zwei zu zwei gepaart,
Neigend, beugend zierlich zum Kusse die Häuptchen zart.

Sie flüstern von einem Mägdlein, das
Dächte die Nächte und Tage lang, wußte, ach, selber nicht was.

Sie flüstern, wer mag verstehn so gar
Leise Weise? flüstern von Bräut'gam und nächstem Jahr.

Das Mägdlein horchet, es rauscht im Baum;
Sehnend, wähnend sinkt es lächelnd in Schlaf und Traum.

—

Robert Schumann, op.25(Myrten) Nr.2, 1840

호두나무

집 앞에 푸른 호두나무 한 그루 서 있네,
향기롭게, 잎이 무성한 가지들을 가볍게 벌리고.

가지마다 사랑스러운 꽃들이 많이 피었네.
부드러운 바람 불어와 꽃들을 다정히 어루만지네.

꽃들은 둘씩 짝을 지어 속삭이네,
서로에게 입맞추려 예쁜 머리를 귀엽게 기울이고.

꽃들은 한 소녀에 대해 속삭이네.
자신도 어찌할 바 모르면서 밤낮으로 생각하는 소녀를.

꽃들의 속삭임, 그 희미한 노래를 누가 알아들을까?
꽃들은 신랑과 내년에 대해 속삭이네.

그 소녀는 나무의 살랑거림에 귀기울이다가
그리워하네, 웃으며 잠과 꿈으로 빠져들면서.

—
로베르트 슈만, op.25(Myrten) Nr.2, 1840

에두아르트 뫼리케

Eduard Mörike, 1804-1875

—

에두아르트 뫼리케

Eduard Mörike, 1804-1875

뫼리케는 루드뷔히스부르크에서 의사의 아들로 태어났다. 일찍이 부친을 잃고 튀빙엔 신학교에서 공부한 뒤 목사가 되었다가 나중에는 슈투트가르트 여학교에서 문학 강의를 했다. 1829년 목사의 딸인 루이제 라우L. Rau와 약혼했지만, 4년 후에 파혼한다. 1851년 장교의 딸 마가레테Margarete와 결혼했으나, 가정생활에는 실패하고 오랫동안 병고에 시달리다가 1875년 세상을 떠난다. 그는 타고난 몽상가로서 성직자의 일상에는 적합하지 않았으며 시와 소설 쓰기를 주일 설교보다 더 중요하게 여겼다.

시인 뫼리케는 서정시의 전통들을 수용하여 고대 시가적 요소와 괴테의 모범, 낭만주의 시, 또 민요 등을 독특하게 사용하고 있다. 향토적이며 서민적인 그의 시의 특징은 특히 전원시에서 발휘되는데, 완결된 형식 추구라는 점에서는 고전주의에 가깝고, 자연을 신비한 대상으로 감지하는 데서는 낭만주의적 특징을 엿볼 수 있다. 또 대상을 정교하고 세밀하게 묘사한 점에서 낭만주의 이후 사조인 사실주의와 상통하는 면이 있다. 뫼리케는 「등불에 대하여Auf eine Lampe」와 같은 시로써 대상을 객관적으로 묘사하는 사물시Dinggedicht의 전통을 열었으며, 이는 후에 릴케에 의하여 계승된다. 뫼리케의 시들은 음악 천재들에게 사랑을 받아, 슈만과 브람스에 의해 작곡되었고, 후고 볼프는 1888년에 『53편의 뫼리케 가곡 53Mörike Lieder』을 발표하였다.

괴테의 『빌헬름 마이스터의 수업시대』를 모범으로 삼은 자전적 그의 초기 소설 『화가 놀텐Maler Nolten』은 작가의 낭만적 요소와 함께 리얼리즘으로의 접근을 보여주는 대표작이다. 단편 『슈투트가르트의 난쟁이Stuttgarter Hutzelmännlein』는 슈바벤을 배경으로 하는 독일 낭만주의의 색채가 짙은 동화작품이고, 음악사적 존재가 아니라 한 인간으로서 모차르트를 형상화 한 『프라하로 여행하는 모차르트Mozart auf der Reise nach Prag』(1856)는 예술가의 마성(魔性)을 죽음의 예감과 결부시킨 독일 여행소설의 대표작이다. 이 단편소설의 맨 마지막에 들어있는 「생각하라, 오 영혼아Denk es, o Seele」는 제 자신과의 영혼과의 대화로 된 두 연의 민요풍 비가로 체험된 현재의 순간을 지속시킬 수 없는 현존재의 무상함을 노래한다. 도피적인 현재를 기억하려고 하는 이 시의 자연 속에서 삶은 죽음으로 소멸해가면서 현재와 연관성이 없음을 상징화하고 있다.

1838년에 발표한 그의 『시Gedichte』 속의 「버림받은 처녀Das verlassene Mägdlein」, 죄악의 잔에 담은 죽음을 건네주는 매혹적이며 미친 여인을 노래한 「페레그리나Peregrina」, 「9월의 아침Septembermorgen」, 「자정에Um Mittelnacht」, 「기도Gebet」 등의 시들은 비가적인 음조로 현재의 고통이나 초자연적인 힘에 순종할 것을 노래한다. 특히 언어의 음악성이 부각되는 「봄이 왔네Er ist's」는 음악적으로 변화된 언어의 감각성을 드러내고 있다. 봄이라는 현재가 음악적인 영상과 그 의미를 일치시키고 있음을 보여준다. 즉 감각적이면서도 초감각적인 뫼리케의 현재가 순수한 음악의 정신 속에서 하나로 융합하고 있다.

Das verlassene Mägdlein

Früh, wann die Hähne krähn,
Eh die Sternlein schwinden,
Muß ich am Herde stehn,
Muß Feuer zünden.

Schön ist der Flammen Schein,
Es springen die Funken;
Ich schaue so drein,
In Leid versunken.

Plötzlich, da kommt es mir,
Treuloser Knabe,
Daß ich die Nacht von dir
Geträumet habe.

Träne auf Träne dann
Stürzet hernieder;
So kommt der Tag heran -
O ging er wieder!

—

Robert Schumann, op. 64 Nr. 2, 1841-47
Hugo Wolf, 1888

● 이 시는 대역시Rollenedicht이다. 대역시는 시적 자아가 '말하는 인물'로서 어느 인물의 역할을 떠맡는 것을 말한다. 여기서는 버림받은 처녀가 이에 해당한다. 이 시는 뫼리케가 1829년 쓴 낭만주의 예술가 소설 『화가 놀텐Maler Nolten』에 들어있던 시이다. 이 소설의 장면에서 화가 놀텐은 어느 처녀가 부르는 이 노래를 듣고 잃어버린 연인을 생각하고 있다. 소설의 출간 이후 이 시는 민요로서 널리 불리게 된다. 한 젊은이의 배신으로 인한 시적 자아인 버림받은 처녀가 자신의 고통을 독백조로 노래하는 이 시는 비가이다. 1연은 목가풍의 시에서

버림받은 처녀

수탉이 우는 새벽에,
별도 지기 전에,
나 화덕 가에 앉아
불을 지펴야 하네.

오 불길은 아름답구나,
튀어 오르는 불꽃,
나는 그 불길을 보고 있네,
괴로움에 쌓인 채.

갑자기 생각나는구나
무정한 소년아,
지난밤에 네 꿈을
꾸었던 것을.

그리고는 눈물에
눈물이 쏟아지는데,
이렇게 날이 밝아오니,
오, 그가 다시 사라져버렸네.

—

로베르트 슈만, op. 64 Nr. 2, 1841–47
후고 볼프, 1888

잘 나타나는 신선함과 순수함과는 다른 유형인 '불을 지피는' 시적 자아의 집안일을 소개하고 있다. 2연에서 그녀는 자신이 지핀 아름다운 불을 "괴로움에 싸인 채" 바라보면서 현실의 영역에서 내적인 영역으로 넘어가고 있는 과정에 묘사되고 있다. 3연에서는 꿈속에서의 사랑의 행복을 노래하지만, 마지막 4연에서는 무의식인 꿈의 영역을 넘어서 다시 현실로 돌아오면서 사랑의 고통을 부각시킨다. 이처럼 이 시는 밤과 낮을 꿈과 의식의 영역으로 대립시키면서 그 전위과정을 긴장감 있게 잘 묘사하고 있다.

Denk es o Seele!

Ein Tännlein grünet wo,
Wer weiß, im Walde,
Ein Rosenstrauch, wer sagt,
In welchem Garten?
Sie sind erlesen schon,
Denk es, o Seele!
Auf deinem Grab zu wurzeln
Und zu wachsen.

Zwei schwarze Rößlein weiden
Auf der Wiese,
Sie kehren heim zur Stadt
In muntern Sprüngen.
Sie werden schrittweis gehn
Mit deiner Leiche;
Vielleicht, vielleicht noch eh
An ihren Hufen
Das Eisen los wird,
Das ich blitzen sehe!

—

Hugo Wolf, 1888
Hans Pfitzner, op.30 Nr.3, 1922

● 이 시는 1852년 「무덤의 생각Grabgedanken」이라는 제목으로 〈여성신문〉에 발표되었으나, 나중에 시집에서 이 제목으로 바뀐다. 이 시는 바로크문학 이래로 독일 문학에서 자주 사용되는 '죽음을 생각하라Memento Mori'라는 모티프를 강하게 나타내고 있다. 시인과 그 영혼과의 대화형식으로 된 이 시에서 시적 자아는 제 1연에서 나중에 자신의 무덤을 덮게 될 작

생각하라, 오 영혼아!

작은 전나무 푸르른데,
누가 알랴, 숲 속 어디에서인지,
한 그루 장미 넝쿨, 누가 말하랴,
어느 정원에 있는지?
그들은 이미 선택되었으니,
생각하라, 오 영혼아!
네 무덤에서 뿌리내리고
자라게 될 것을.

두 마리 어린 검정말이 초원에서
풀을 뜯다가,
도시로 돌아가도다
경쾌하게 뛰면서.
그들은 천천히 가게 되리라
너의 시신을 싣고.
어쩌면, 어쩌면
그들의 말발굽에서
번쩍이는 것이 보이는
저 편자가 떨어지기도 전에!

—

후고 볼프, 1888
한스 피츠너, op.30 Nr.3, 1922

은 전나무와 장미넝쿨을, 그리고 제 2연에서는 자신의 관을 그 무덤으로 싣고 올 작은 검은 말에 대해 예감하고 있다. 이러한 예감은 현재와 지금이라는 시공간을 넘어서고 있다. 이로써 이 시는 지나간 것의 헛됨과 체험된 현재적 순간에 시간적인 지속성을 부여하는 것이 불가능함을 노래하는 비가이다.

Er ist's

Frühling läßt sein blaues Band
Wieder flattern durch die Lüfte;
Süße, wohlbekannte Düfte
Streifen ahnungsvoll das Land.
Veilchen träumen schon,
Wollen balde kommen.
Horch, von fern ein leiser Harfenton!
Frühling, ja du bists!
Dich hab ich vernommen !

—

Robert Schumann, op.79 Nr.24, 1849
Hugo Wolf, 1888

● 이 시는 1829년에 쓰였다. 다가오는 봄의 현재를 주제로 하고 있는 이 시는 자연에 대해 노래하는 낭만주의 시의 음악성을 잘 보여주고 있다. 낭만주의적 꿈의 모티프와 함께 시적 자아는 감각적이면서도 초감각적으로 자연을 감지하고 있음을 노래하고 있다. 현실에서 초현실로 넘어가는 과정에서 꿈의 모티프로 인지되고 있는 "봄, 그래 너로구나!"라는 시행은 이것을

봄이로구나

띠 같은 봄의 푸르름이
공중에서 다시 바람에 나부끼네.
감미롭고 친근한 그 향기가
예감 가득히 대지를 스치네.
제비꽃은 벌써 꿈꾸면서
곧 피어나려 하네.
들어봐, 아늑하고 나직한 하프 소리를!
봄, 그래 너로구나!
나는 너를 느꼈어!

—
로베르트 슈만, op.79 Nr.24, 1849
후고 볼프, 1888

말해준다. 또한 이러한 주제에 낭만주의의 음악성이 가미되면서 음악이 낭만주의와 분리될 수 있음에 대해서도 분명히 하고 있다. "아늑하고 나직한 하프 소리"는 다름 아닌 봄 그 자체인 것이다.

Fußreise

Am frischgeschnittnen Wanderstab,
Wenn ich in der Frühe
So durch die Wälder ziehe,
Hügel auf und ab :
Dann, wie's Vöglein im Laube
Singet und sich rührt,
Oder wie die goldne Traube
Wonnegeister spürt
In der ersten Morgensonne:
So fühlt auch mein alter, lieber
Adam Herbst- und Frühlingsfieber,
Gottbeherzte,
Nicht verscherzte
Erstlings-Paradieseswonne.

Also bist du nicht so schlimm, o alter
Adam, wie die strengen Lehrer sagen;
Liebst und lobst du immer doch,
Singst und preisest immer noch,
Wie an ewig neuen Schöpfungstagen,
Deinen lieben Schöpfer und Erhalter.

도보 여행

새로 깎은 지팡이를 짚고,
나 이른 아침
숲을 지나고
언덕을 오르내리면,
새가 나뭇잎 사이로
노래하며 돌아다니듯이,
황금빛 포도송이가
아침 첫 햇살 속에서
환희의 정신을 느끼듯,
그렇게 나의 사랑스러운 옛
아담도 가을과 봄의 열기를 느끼리,
신처럼 담대하고
경솔하지 않은
최초 인간이 누린 낙원의 환희를.

그러니 네가 그렇게 그릇된 것은 아니구나.
엄한 스승들의 말씀처럼, 오 옛 아담이여,
너는 늘 사랑하고 칭송하구나,
너는 늘 노래하고 찬양하구나,
영원히 새로운 창조의 날인 양,
너를 만드셨고 지키시는 그 분을.

Möcht es dieser geben,
Und mein ganzes Leben
Wär im leichten Wanderschweiße
Eine solche Morgenreise

—

Hugo Wolf, 1888

그 분이 계시므로,
내 한평생도
가벼운 땀 흘리며 즐기는
아침 여행 같으리니!

—
후고 볼프, 1888

Gebet

Herr! schicke was du willt,
Ein Liebes oder Leides;
Ich bin vergnügt, daß beides
Aus deinen Händen quillt.

Wollest mit Freuden und wollest mit Leiden
Mich nicht überschütten!
Doch in der Mitten
Liegt holdes Bescheiden.

—

Hugo Wolf, 1888
Othmar Schoeck, op. 62 Nr.33, 1947-49

기도

주여! 당신 뜻대로 주소서,
사랑이든지 고통이든지.
저는 기쁘옵니다, 둘 다
당신의 손에서 나온 것이므로.

그러나 기쁨으로나 고통으로나
저를 뒤덮게 하지는 마소서!
사랑어린 응답은
그 중간에 있사옵니다.

—

후고 볼프, 1888
오트마 쇼엑, op. 62 Nr.33, 1947–49

Im Frühling

Hier lieg ich auf dem Frühlingshügel:
Die Wolke wird mein Flügel,
Ein Vogel fliegt mir voraus.
Ach, sag mir, alleinzige Liebe,
Wo du bleibst, daß ich bei dir bliebe!
Doch du und die Lüfte, ihr habt kein Haus.

Der Sonnenblume gleich steht mein Gemüte offen,
Sehnend,
Sich dehnend
In Lieben und Hoffen.
Frühling, was bist du gewillt?
Wann werd ich gestillt?

Die Wolke seh ich wandeln und den Fluß,
Es dringt der Sonne goldner Kuß
Mir tief bis ins Geblüt hinein;
Die Augen, wunderbar berauschet,
Tun, als schliefen sie ein,
Nur noch das Ohr dem Ton der Biene lauschet.

● 이 시는 1828년에 처음으로 신문에 기고된 것이나, 1832년 뫼리케의 소설 『화가 놀텐 Maler Nolten』에 다시 삽입된 시이다. 이 시는 봄을 노래하고 있다. 하지만 여느 봄의 시와는 다르게 창조주를 찬양하는 시도 아니다. 봄의 자연에 대한 명칭 또한 추상적이다. 1연에서 은유로서 사용된 "구름은 나의 날개"라는 비유적 표현에서 시적 자아는 명상적 자아임을 암시

봄에

나 여기 봄의 언덕에 누워 있네.
구름은 나의 날개 되고
새 한 마리 내 앞으로 날아가네.
아, 말해다오, 하나뿐인 사랑아,
너 어디 있는지, 나 네 곁에 있도록!
그러나 너와 바람, 너희는 집이 없네.

내 마음은 해바라기 꽃처럼 열려있는데,
그리워하며
사랑과 소망 속에
기지개 켜면서.
봄아, 너는 무엇을 원하는가?
내 마음은 언제나 진정되려나?

떠가는 구름과 강물을 나는 보네,
태양의 황금빛 입맞춤은
내 핏속까지 깊숙이 스미는구나.
경이롭게 도취한 내 눈은
이미 잠에 빠진 듯 하고,
귀에는 벌들의 소리 들을 뿐.

하고 있으며, 이러한 명상 속에서 정신이 고양되고 있음을 노래하고 있다. 그러나 마지막 연에서 자아는 현재의 불확실성 속에서 동요하면서, 말로 표현할 수 없는 고통스러운 사랑에 대한 기억의 심연 속에 빠져들고 있다.

Ich denke dies und denke das,
Ich sehne mich und weiß nicht recht nach was:
Halb ist es Lust, halb ist es Klage;
Mein Herz, o sage,
Was webst du für Erinnerung
In golden grüner Zweige Dämmerung?
- Alte unnennbare Tage!

—

Hugo Wolf, 1888

나 이런 저런 생각에 빠져,
그리워하나, 무엇인지 알길 없네.
즐거움 같기도 하고, 비탄 같기도 하니,
나의 마음아, 오 말하라,
푸르른 나뭇가지의 황금빛 어스름에서
너는 어떤 기억을 엮고 있나?
- 형언하기 어려운 옛날이여!

—
후고 볼프, 1888

Lebe wohl

Lebe wohl! - Du fühlest nicht,
Was es heißt, dies Wort der Schmerzen;
Mit getrostem Angesicht
Sagtest du's und leichtem Herzen.

Lebe wohl! - Ach, tausendmal
Hab ich mir es vorgesprochen.
Und in nimmersatter Qual
Mir das Herz damit gebrochen.

—

Hugo Wolf, 1888

안녕히

안녕히! - 너는 느끼지 못하지
그 말이 무슨 뜻인지, 그 고통의 말이.
위로받은 얼굴로 가벼운 마음으로
너는 그렇게 말했네.

안녕히! - 아 나는 수없이
홀로 그 말을 되뇌어 보았네,
그리고 그칠 줄 모르는 고통 속에서
내 마음은 부서지고 말았네!

—
후고 볼프, 1888

Verborgenheit

Laß, o Welt, o laß mich sein!
Locket nicht mit Liebesgaben,
Laßt dies Herz alleine haben
Seine Wonne, seine Pein!

Was ich traure, weiß ich nicht,
Es ist unbekanntes Wehe;
Immerdar durch Tränen sehe
Ich der Sonne liebes Licht.

Oft bin ich mir kaum bewußt,
Und die helle Freude zücket
Durch die Schwere, so mich drücket
Wonniglich in meiner Brust.

Laß, o Welt, o laß mich sein!
Locket nicht mit Liebesgaben,
Laßt dies Herz alleine haben
Seine Wonne, seine Pein!

—

Hugo Wolf, 1888

은둔

오 세상이여, 제발 나를 내버려두오.
사랑의 선물로 유혹하지 마오
이 마음 홀로 내버려두오.
그 마음의 환희도 고통도!

괴로워하는 것을 나 모르니,
그것은 알 수 없는 고통.
끊임없이 눈물을 통해서
나 태양의 사랑스러운 빛을 본다네.

이따금 나 자신도 모르게,
나를 억누르는 괴로움을 지나
찬란한 기쁨이 갑자기 솟아나
가슴 속을 환희로 채우기도 하지.

오 세상이여, 제발 나를 내버려두오.
사랑의 선물로 유혹하지 마오
이 마음 홀로 내버려두오.
그 마음의 환희도 고통도!

—
후고 볼프, 1888

30

요한 가브리엘 자이들

Johann Gabriel Seidl, 1804-1875

—

우편 비둘기 Die Taubenpost

방랑자가 달에게 Der Wanderer an den Mond

요한 가브리엘 자이들

Johann Gabriel Seidl, 1804-1875

자이들은 1819에서 1826년까지 빈에서 철학과 법학을 공부하였다. 고전학과 금석학의 연구에 대한 글을 오스트리아의 지방 고고학을 위한 저명한 학술지에 내기도 했다. 1856년부터 1871년까지 왕실의 재무담당자로 근무하였으며, 『오스트리아의 김나지움을 위한 잡지』의 공동 창간자이자 주필로 있게 된다.

1820년부터 자이들은 잡지, 연보, 연감 등에 서정시, 노벨레, 드라마에 대한 논문과 서평을 쓰게 된다. 학창시절동안 그는 특히 레나우Lenau, 할름Halm 등과 친교를 맺는다. 1828년에는 빈에서 첫 번째 문집 『문학Dichtungen』을 내는데, 여기서 이미 그의 경향은 소규모 문학 형식으로 기울어지게 된다. 오늘날 자이들은 오스트리아 비더마이어 시대의 가장 이상적인 인물로서, 〈3월 혁명 이전〉의 중요한 문학 저널리스트들 중 하나로 간주된다.

그의 서정시는 작곡가들의 많은 사랑을 받았다. 그 가운데 「우편 비둘기Die Taubenpost」는 슈베르트의 마지막 작품집 『백조의 노래Schwanengesang』에 실려 유명해졌다. 슈베르트는 또한 그의 시 「조종(弔鐘)Das Zügenglöcklein」을 작곡하였다. 칼 뢰베 Carl Loewe는 자이들의 시 「시계Die Uhr」에 곡을 붙였다.

Die Taubenpost

Ich hab eine Brieftaub in meinem Sold,
Die ist gar ergeben und treu,
Sie nimmt mir nie das Ziel zu kurz,
Und fliegt auch nie vorbei.

Ich sende sie viel tausendmal
Auf Kundschaft täglich hinaus,
Vorbei an manchem lieben Ort,
Bis zu der Liebsten Haus.

Dort schaut sie zum Fenster heimlich hinein,
Belauscht ihren Blick und Schritt,
Gibt meine Grüße scherzend ab
Und nimmt die ihren mit.

Kein Briefchen brauch ich zu schreiben mehr,
Die Träne selbst geb ich ihr:
O sie verträgt sie sicher nicht,
Gar eifrig dient sie mir.

Bei Tag, bei Nacht, im Wachen, im Traum,
Ihr gilt das alles gleich,
Wenn sie nur wandern, wandern kann,
Dann ist sie überreich.

우편 비둘기

내게 시중드는 우편 비둘기,
아주 충성스럽고 진실하다네.
내가 원하는 곳에 못 미친 적 없고,
지나쳐 날아가지도 않네.

나 매일의 소식을 전하기 위해
그 비둘기 수없이 날려보냈네.
기쁨을 준 숱한 장소들을 지나
내 연인의 집까지.

비둘기는 몰래 창을 들여다보고
그녀의 눈빛과 발걸음 살피고
즐겁게 나의 안부 전해 주고는
그녀의 안부를 받아 왔다네.

나에겐 편지 쓸 일 더 없으니
눈물만 비둘기에게 흘릴 뿐인데,
오 비둘기는 나의 눈물 견디지 못하니
그토록 열심히 시중드는구나.

낮이나 밤이나, 깨었을 때나 꿈 꿀 때,
비둘기는 언제나 한결같다네.
어디든지 날아갈 수만 있다면
비둘기는 너무 행복해 하네.

Sie wird nicht müd, sie wird nicht matt,
Der Weg ist stets ihr neu;
Die braucht nicht Lockung, braucht nicht Lohn,
Die Taub ist so mir treu.

Drum heg ich sie auch so treu an der Brust,
Versichert des schönsten Gewinns;
Sie heißt - die Sehnsucht!
Kennt ihr sie? Die Botin treuen Sinns.

—

Franz Schubert, D957 Nr.14, 1828

지치지도 않고 낙담하지도 않고,
비둘기에겐 그 길은 항상 새롭네.
칭찬도 보상도 바라지 않는 비둘기,
나에게 참으로 충실하구나.

그래서 나도 진정으로 가슴에 품어준다네.
가장 아름다운 보배를 확인하며.
비둘기의 이름은 - 그리움!
그대들은 아는가? 나의 신실한 전령을.

—
프란츠 슈베르트, 1828

Der Wanderer an den Mond

Ich auf der Erd', am Himmel du,
wir wandern beide rüstig zu:
Ich ernst und trüb, du mild und rein,
was mag der Unterschied wohl sein?
Ich wandre fremd von Land zu Land,
so heimatlos, so unbekannt;
Berg auf, Berg ab, Wald ein, Wald aus,
doch bin ich nirgend, ach! zu Haus.
Du aber wanderst auf und ab
Aus Westens Wieg' in Ostens Grab,
wallst Länder ein und Länder aus,
und bist doch, wo du bist, zu Haus.
Der Himmel, endlos ausgespannt,
ist dein geliebtes Heimatland:
O glücklich, wer, wohin er geht,
doch auf der Heimat Boden steht!

—

Franz Schubert, op.80 Nr.1, 1826

방랑자가 달에게

나는 땅에서, 너는 하늘에서
우리는 활기차게 돌아다니는데,
심각하고 우울한 나, 온화하고 순수한 너,
도대체 그 차이는 무엇인가?
나는 이방인으로 이 나라 저 나라,
정처 없이, 아는 이 없이 다니지.
산을 오르내리고 숲을 들락거려도,
하지만 아! 어디에도 나의 집은 없네.
너도 이 곳 저 곳 돌아다니지,
서쪽 요람에서 나와 동쪽 무덤으로,
수많은 나라를 유유히 지나가지만
그래도 네가 있는 그 곳은 너의 집이네.
끝없이 펼쳐진 하늘이
너의 사랑하는 고향이라네.
오 행복하여라, 어디를 가든지
고향 땅을 밟고 있는 자는!

—

프란츠 슈베르트, op.80 Nr.1, 1826

31

로베르트 라이닉

Robert Reinick, 1805–1852

—

참사랑 Liebestreu

세레나데 Ständchen

로베르트 라이닉

Robert Reinick, 1805-1852

라이닉의 생은 회화와 시, 음악으로 특징 지워진다. 대(大)상인의 아들로서 철저한 교육을 받았지만 부모의 이른 죽음과 안과 질환으로 그의 유년기는 암울했다. 다양한 예술적 재능을 타고난 그는 횔티Hölty의 강연을 듣고 처음으로 시 창작에 대한 자극을 받게 된다. 베를린의 미대의 베가스K. Begas에서 수학하였으며, 역사화(畵) 교육을 받는다. 그림을 그리면서 그는 한편으로는 시 쓰기에 몰두, 『독일 문학연감Deutschen Musenalmanach』에 첫 번째 시를 발표하게 된다. 뉘른베르크에서 뒤러A. Dürer 축제를 위해 그는 뒤러의 그림에 해설을 쓰기도 했다.

라이닉은 1831년 뒤셀도르프의 회화학교로 옮겨가, 샤도우Schadow의 지도 아래서 낭만주의 회화를 부활시키는데 일조를 한다. 그러나 시력 저하로 인해 그림 그리기를 그만 두고, 점차 글쓰기에 열중하게 된다. 1833년 쿠글러와 함께 『독일 예술가들을 위한 노래집das Liederbuch für deutsche Künstler』를 펴내고, 1837년에는 『어느 화가의 노래Lieder eines Malers』를 출판한다. 높은 수준의 글과 삽화로 인해 그의 책의 출판은 커다란 반응을 얻었다. 동시대의 작가들 중에 하이네와 가이벨E. Geibel을 제외하고는 그만큼 그렇게 자주 시 텍스트가 작곡된 적은 없다. 재정적으로 독립한, 라이닉은 1838년 이탈리아 여행을 하지만 1841년 안과 질환 때문에 다시 돌아오게 된다. 1844년에 결혼하고 드레스덴의 예술협회에도 가입한다.

특히 『어린이를 위한 교과서ABC-Buch für große und kleine Kinder』에서 보이는 그의 청소년 문학작가로서의 인생역정은 1852년에 라이프치히에서 출판된

『독일 청소년 달력Deutscher Jugendkalender』을 정점으로 최고절정에 이르게 된다. 라이닉의 대중적인 문학에 대한 이해는 미학적인 아름다움과 기독교적인 소박한 신앙과 연관되며, 정치와 철학을 배제하고 있다.

로베르트 슈만은 그의 시 「햇빛에게An den Sonnenschein」와 「세레나데Ständchen」을 작곡했다. 후고 볼프는 「젊은이의 노래Gesellenlied」, 「아침 정경Morgenstimmung」에 곡을 붙였고, 브람스는 「야, 신난다!Juchhe!」 등의 시를 작곡했다.

Liebestreu

"O versenk, o versenk dein Leid, mein Kind,
In die See, in die tiefe See!"
Ein Stein wohl bleibt auf des Meeres Grund,
Mein Leid kommt stets in die Höh.

"Und die Lieb', die du im Herzen trägst,
Brich sie ab, brich sie ab, mein Kind!"
Ob die Blum' auch stirbt, wenn man sie bricht,
Treue Lieb' nicht so geschwind.

"Und die Treu', und die Treu', 's war nur ein Wort,
In den Wind damit hinaus."
O Mutter, und splittert der Fels auch im Wind,
Meine Treu', die hält ihn aus.

—

Johannes Brahms, op.3 Nr.1, 1852/53

참사랑

"오 얘야, 너의 고통을 바다 속에,
깊은 바다 속에 던져버리거라!"
돌이라면 바다 밑에 가라앉겠지만
제 괴로움은 늘 솟아오르지요.

"그리고 네 마음에 간직한 그 사랑을
부러뜨려라, 부러뜨리거라, 얘야!"
꽃이야 꺾으면 곧 죽어버리지만
참사랑은 그렇게 빨리 시들지 않지요.

"참사랑, 참사랑은 말뿐인 거야,
바람에 날려버리거라."
오 어머니, 바람이 바위를 부서뜨리지만
제 사랑은 그 바람을 견디지요.

—
요하네스 브람스, op.3 Nr.1, 1852/53

Ständchen

Komm' in die stille Nacht,
Liebchen, was zögerst du?
Sonne ging längst zur Ruh;
Welt schloß die Augen zu.
Rings nur einzig die Liebe wacht.

Liebchen, was zögerst du?
Schon sind die Sterne hell,
Schon ist der Mond zur Stell',
Eilen so schnell, so schnell.
Liebchen, mein Liebchen, drum eil' auch du.

Einzig die Liebe wacht,
Ruft dich allüberall.
Höre die Nachtigall,
Hör' meiner Stimme Schall,
Liebchen, o komm in die stilleNacht!

—

Robert Schumann, op.36 Nr.2, 1840
Hugo Wolf, 1883

세레나데

오시오, 조용한 밤으로,
내 사랑, 그대 뭘 망설이나?
태양은 오래 전에 졌고,
세상은 눈을 감았다오.
주위엔 다만 사랑만이 깨어있을 뿐.

내 사랑, 그대 뭘 망설이나?
별들은 벌써 밝게 빛나고,
달도 떠 있는데,
어서 서둘러요, 어서,
내 사랑, 내 사랑, 그대 서둘러요.

깨어있는 건 사랑 뿐,
그대를 사방에서 부른다오.
꾀꼬리 소리를 들어봐요,
내 목소리를 들어봐요,
내 사랑, 오 조용한 밤으로 오시오!

—

로베르트 슈만, op.36 Nr.2, 1840
후고 볼프, 1883

헤르만 폰 길름

Hermann von Gilm, 1812 -1864

—

헤르만 폰 길름

Hermann von Gilm, 1812-1864

오스트리아 인스부르크 대학에서 법학을 공부한 길름의 본업은 공무원이었다. 1854년까지 그는 여러 차례 임지를 바꿔가며 직업생활을 영위했고 최종적으론 린츠 지방 군수의 비서실장을 역임했다.

1836년부터 1839년 사이 그는 젊은 시절 사랑의 체험을 그린 두 권의 시집 『오월의 제비꽃Märzveilchen』과 『여름날의 신선한 노래Sommerfrischlieder』를 잇달아 발표했다. 이 시집들에서 길름은 나름의 내적 감정과, 자연에 대한 예찬 그리고 민요적 소박함을 표현했는데 그 아이러니컬하고 풍자적인 어투에서 하인리히 하이네의 영향이 나타난다. 한편 스위스에서 길름은 티롤 출신의 시인 요하네스 젠Johannes Senn과 깊은 우정을 맺기도 한다. 이때 그는 친구의 자유주의 이념에 깊은 감화를 받아서, 나중에 반동적인 정치가인 메테르니히와 예수회에 대해 비판적인 정치시를 쓰게 된다.

1844년 그는 사랑의 체험을 그린 시집 『소피의 노래Sophienlieder』를 출판한다. 전편에 따뜻한 감정이 흐르는 이 시집은 길름의 고유한 창조성을 잘 드러낸다. 또 그의 유명한 시 「만령절(萬靈節)Allerseelen」과 「게오르기나Georgina」는 리하르트 슈트라우스에 의해 작곡된다. 이 밖에도 그는 쓰라린 내면 세계를 그린 『샤르텔 가곡Schartellieder』과 이룰 수 없는 사랑의 애절함을 그린 『로제나움Rosenaum』이라는 연작시를 쓰기도 했다.

Allerseelen

Stell auf den Tisch die duftenden Reseden,
Die letzten roten Astern trag herbei,
Und laß uns wieder von der Liebe reden,
Wie einst im Mai.

Gib mir die Hand, daß ich sie heimlich drücke
Und wenn man's sieht, mir ist es einerlei,
Gib mir nur einen deiner süßen Blicke,
Wie einst im Mai.

Es blüht und düftet heut auf jedem Grabe,
Ein Tag im Jahr ist ja den Toten frei,
Komm an mein Herz, daß ich dich wieder habe,
Wie einst im Mai.

—

Richard Strauss, op.10 Nr.8, 1882/83

만령절(萬靈節)

향기로운 레젠다 꽃을 탁자 위에 놓아요,
마지막 붉은 과꽃을 가져오세요.
그리고 다시 한번 사랑을 이야기해요,
언젠가 오월처럼.

내게 손을 주세요, 살며시 잡아보게요
누가 보더라도 난 상관없지요.
감미로운 그 눈길 한번 주세요,
언젠가 오월처럼.

오늘은 무덤마다 꽃이 피어 향기롭군요.
일 년에 하루는 죽은 이들을 위한 날,
내 마음에 오세요, 그대를 다시 만나게요,
언젠가 오월처럼.

—

리하르트 슈트라우스, op.10 Nr.8, 1882/83

Zueignung

Ja, du weißt es, teure Seele,
daß ich fern von dir mich quäle,
Liebe macht die Herzen krank,
habe Dank.

Einst hielt ich, der Freiheit Zecher,
hoch den Amethysten-Becher
und du segnetest den Trank,
habe Dank.

Und beschworst darin die Bösen,
bis ich, was ich nie gewesen,
heilig, heilig an's Herz dir sank,
habe Dank!

—

Richard Strauss, op.10 Nr.1, 1882/83

헌정

그래, 그대는 알지, 고귀한 영혼이여,
그대를 떠나면 내가 괴롭다는 것을.
사랑은 마음을 병들게 하지요,
고마워요.

언젠가 나, 자유를 위한 주객으로,
자수정 잔을 높이 들었을 때,
당신은 그 술을 축복해 주었지요,
고마워요.

그렇게 당신은 악을 몰아내자,
나는 이전과 달리, 성스럽게,
성스럽게 그대 품에 안겼어요,
고마워요!

—
리하르트 슈트라우스, op.10 Nr.1, 1882/83

33

엠마뉴엘 가이벨

Emanuel Geibel, 1815-1884

—

내 마음은 무거워요 Mein Herz ist schwer

엠마뉴엘 가이벨

Emanuel Geibel, 1815-1884

가이벨은 뤼벡출신으로 개혁 목사가정의 6번째 아들이다. 본 대학에서 신학과 고전문헌학을 공부한다. 1836년 베를린으로 와서 샤미소, 아이헨도르프 등을 알게된다. 아르님의 소개로 아테네에서 가정교사 자리를 얻는다. 그리스 여행 후 그는 처녀 시집 『시Gedichte』를 발표한다. 이 시집은 곧 유명하게 되어, 그의 임종시까지 100쇄를 출판하게 된다.

1848년에 출간된 『6월의 노래Juniuslieder』는 그 제목에서 벌써 〈3월 혁명이전〉 문학에 대항하고 있음을 암시하고 있다. 1852년에 뮌헨으로 옮겨간 후, 그는 막시밀리언 2세의 보호를 받으며, 문학 명예교수의 지위를 얻는다. 하이제P. Heyse와 같이 〈악어Das Krokodil〉라는 문인 단체에 가입한다. 그러나 프러이센 왕국의 출신인 그가 프로이센 왕 빌헬름을 찬양하는 시를 쓰게 된 것으로 인해 급료지급이 정지된다. 그러자 그는 1868년에 고향 뤼벡으로 돌아온다. 1870년 보불전쟁에서 프로이센의 승리로 제국이 세워지자, 그는 종교적이며 국가적 자긍심에서 우러나온 낭송조의 시를 발표한다.

가이벨은 자신의 시대에서 성공한 시인이다. 전통적인 언어와 형식미를 갖춘 그의 시들은 시대적 취향에 알맞게 혼합되어, 추상적인 아름다움과 일반적인 것들을 노래한다. 그의 애국시들은 〈3월 혁명이전〉문학과는 대립적이다. 가이벨은 파울 하이제와 함께 『스페인 가곡집Spanisches Liederbuch』을 번역하였고, 후고 볼프는 이 연가곡에 곡을 붙였다. 브람스는 가이벨의 시 「내 마음은 무거워요Mein Herz ist schwer」에, 슈만은 「귀족Der Hidalgo」에, 막스 레거는 「4월에Im April」에 각각 곡을 붙였다.

Mein Herz ist schwer

Mein Herz ist schwer, mein Auge wacht,
Der Wind fährt seufzend durch die Nacht;
Die Wipfel rauschen weit und breit,
Sie rauschen von vergangner Zeit,
Von großem Glück und Herzeleid,
Vom Schloß und von der Jungfrau drin,
Wo ist das alles, alles hin?

Wo ist das alles, alles hin?
Leid, Lieb und Lust und Jugendsinn?
Der Wind fährt seufzend durch die Nacht,
Mein Herz ist schwer, mein Auge wacht.

—

Johannes Brahms, op.94 Nr.3, 1884

내 마음은 무거워요

내 마음은 무거워요, 내 눈은 깨어있고요,
밤바람은 탄식하며 불어오고
나무들은 도처에서 소리를 냅니다.
지나간 시절에 대해,
지복한 행복과 마음의 고통에 대해,
성(城)과 그 안의 처녀에 대해
이 모든 것, 모두들 어디로 갔나?

이 모든 것, 모두들 어디로 갔나?
고통, 사랑, 환희, 젊은 마음은?
밤바람은 탄식하며 불어오네요.
내 마음은 무거워요, 내 눈은 깨어 있고요.

—

요하네스 브람스, op.94 Nr.3, 1884

34

칼 아우구스트 칸디두스

Karl August Candidus, 1817-1872

—

옛 사랑 Alte Liebe

비밀 Geheimnis

칼 아우구스트 칸디두스

Karl August Candidus, 1817-1872

칸디두스는 라인강 상류의 엘자스Elsaß 지방의 슈트라스부르트 근처인 비쉬바일러에서 개신교 목사의 아들로 태어났다. 그는 아버지처럼 그 엘자스 지방의 목사로서 그리고 시인으로서 살다가, 크림반도의 페오도시아Feodosija에서 세상을 떠났다. 그는 슈트라스부르크에서 신학과 철학과 문학사를 공부했다. 대학시절 그는 독일문학에 많은 관심을 보였다. 이는 엘자스 지방의 작가인 아우구스트 슈퇴버August Stöber의 영향 때문이었다. 슈퇴버는 1838년에 문학잡지인 『에르비니아Erwinia』를 창간하면서 옛 엘자스 지방의 문학뿐 아니라 그 당시의 문학을 독일어로 이어 나가기를 시도한 작가였다. 그러면서도 그는 1841년 『종교에 대한 슐라이어마허와 라므네의 저작물 비교』라는 논문제목으로 신학박사학위를 받게 된다. 이 논문으로 그는 가톨릭이 강한 프랑스와 프로테스탄티즘이 강한 독일을 비교하면서, 독일에서의 종교적인 두 문화에 대한 이해의 폭을 넓힌다. 그 후 그는 1년간 포게젠 지방의 마르키르흐에서 사립학교의 교사로 일하게 되는데, 이 시기부터 그는 슈트라스부르그 시절의 미학이나 문학적 관심에서 떠나 슐라이어마허의 의미에서 종교적 모멘트, 즉 기독교에 몰두하게 된다. 이듬해 그는 자르유니온에서 수습목사가 된다. 1846년 낭시에서, 그리고 1858년에는 크림반도의 오데사에 있는 개신교회의 목사가 된다.

낭시시절에 칸디두스는 익명으로 시집 『어느 엘자스인의 시Gedichte eines Elsässers』을 발간한다. 그의 시는 괴테, 뫼리케, 하이네의 영향을 받고 있다는 인상을 강하게 암시하고 있다. 이 시에서 칸디두스는 엘자스에 대한 애정과 독일의 정신적 부흥운동을 표현하고 있다. 그는 많은 신학적 글과 책들을 썼지만, 죽기 2년 전인 1869년에는 시집 『여러 시들Vermischte Gedichte』을 발간하기도 하였다.

Alte Liebe

Es kehrt die dunkle Schwalbe
aus fernem Land zurück,
die frommen Störche kehren
und bringen neues Glück.
An diesem Frühlingsmorgen,
so trüb' verhängt und warm
ist mir, als fänd' ich wieder
den alten Liebesharm.
Es ist, als ob mich leise
wer auf die Schulter schlug,
als ob ich säuseln hörte,
wie einer Taube Flug.
Es klopft an meine Türe,
und ist doch niemand draus;
ich atme Jasmindüfte
und habe keinen Strauß.
Es ruft mir aus der Ferne,
ein Auge sieht mich an,
ein alter Traum erfaßt mich
und führt mich seine Bahn.

—

Johannes Brahms, op.72 Nr.1, 1876

옛 사랑

검은 제비들이
먼 나라에서 돌아오고
온순한 황새들은
새 행복을 가지고 오네.
이런 봄날 아침에
흐리게 덮이고 더워지는
내 마음, 옛 사랑의 아픔이
다시 떠오르는 것 같아.
누군가 조용히
내 어깨를 치는 것 같고,
비둘기 한 마리 날듯
바스락대는 소리 들린 듯 한데.
문 두드리는 소리 났지만
밖에는 아무도 없네.
재스민 향기를 들이마셨지만
내겐 꽃다발이 없네.
멀리서 나를 부르는 소리,
나를 바라보는 눈길,
옛 꿈이 나를 사로잡아
꿈나라로 이끄는구나.

—

요하네스 브람스, op.72 Nr.1, 1876

Geheimnis

O Frühlings-Abenddämmerung!
O laues, lindes Wehn!
Ihr Blütenbäume, sprecht,
Was tut ihr so zusammenstehn?

Vertraut ihr das Geheimnis euch
Von unserer Liebe süß?
Was flüstert ihr einander zu
Von unsrer Liebe süß?

—
Johannes Brahms, op.71 Nr.3, 1877

비밀

오 아름다운 봄날 저녁!
오 온화하고 부드러운 바람!
꽃나무들아, 말하라,
그렇게 모여서 무얼 하는지?

너희는 비밀을 나누고 있나?
우리의 달콤한 사랑에 대해.
무슨 말을 소근거리나?
우리의 달콤한 사랑에 대해.

—
요하네스 브람스, op.71 Nr.3, 1877

35

클라우스 그로트

Klaus Groth, 1819-1899

—

오 나 돌아갈 길을 안다면 O wüßt' ich doch den Weg zurück

어서 오게 Komm bald

클라우스 그로트

Klaus Groth, 1819-1899

방앗간 집 아들로 태어난 그로트는 고향 디트마르쉔의 전원적 풍경 속에서 성장하며, 농촌사회의 문화를 일찍이 배울 수 있었다. 14세 때부터는 서기교육을 받았고 18세에는 톤더른에서 사범학교를 다녔지만 형편이 어려워 대학 진학의 꿈을 접어야 했다. 1841년 낙향한 그는 고향 여학교의 교사가 된다. 업무에 지친 그가 1847년부터 53년까지 요양을 위해 페마른에 머무르는 동안 쓴 시집 『청춘의 샘Quickborn』은 독일 전역에서 커다란 반향을 일으킨다. 그것은 특히 1848년 혁명으로 인해 독일의 정치판이 동요하고 또 전쟁이 벌어졌던 것과 관계가 있었다. 독일-덴마크 전쟁이 발발했고, 전쟁으로 인해 독일 민족주의가 크게 비등하던 시점에, 전지였던 저지 독일 지방의 서정을 감성적이고 평이한 어투로 다룬 그로트의 시가 커다란 주목을 받게 된 것이다. 경제적으로 풍족해진 그로트는 이후 정신적 성숙을 위해 많은 여행을 할 수 있게 된다. 1853년 그로트는 절친한 친구인 언어학자 칼 뮐렌호프Karl Müllenhoff와 공동으로 저지독일어 정서법을 작성하기 위해 킬로 이주한다. 1856년에는 본에서 명예박사 학위를 받고, 1858년에는 킬에서 교수자격 논문을 완성한다.

그로트는 1857년까지 자신의 대표작 『청춘의 샘』을 계속 손질하여 개정판을 내놓았다. 그의 자연시들은 산업혁명 이전의 목가적 삶을 형상화하고 있다. 아직 생활세계와 노동세계가 분열되지 않고, 마을 공동체 의식이나 대가족이 살아있던 평화로운 풍경들이 이들 목가적 시 속에 표현된다. 그로트는 과거시대에 대한 동경을 멜랑콜리한 어조로 읊으면서 민요와 많은 구전적 소재들을 사용하기도 했다. 「돌아갈 수 있다면O wüßt ich doch den Weg zurück」, 「나의 상처 난 마음이 요구하는 것Mein wundes Herz verlangt」, 「메아리 Nachklang」, 「어서 오게Komm bald」, 「너의 푸른 눈Dein blaues Auge」, 「비 노래 Regenlied」 등과 같은 그의 여러 시들은 브람스에 의해 작곡되었다.

O wüßt' ich doch den Weg zurück

O wüßt ich doch den Weg zurück,
Den lieben Weg zum Kinderland!
O warum sucht ich nach dem Glück
Und ließ der Mutter Hand?

O wie mich sehnet auszuruhn,
Von keinem Streben aufgeweckt,
Die müden Augen zuzutun,
Von Liebe sanft bedeckt!

Und nichts zu forschen, nichts zu spähn,
Und nur zu träumen leicht und lind;
Der Zeiten Wandel nicht zu sehn,
Zum zweiten Mal ein Kind!

O zeig mir doch den Weg zurück,
Den lieben Weg zum Kinderland!
Vergebens such ich nach dem Glück,
Ringsum ist öder Strand!

—

Johannes Brahms, op.63 Nr.8, 1874

오 나 돌아갈 길을 안다면

오, 나 돌아갈 길을 안다면,
어린이 나라로 가는 사랑스러운 그 길을!
왜 나는 행복을 찾아서
어머니의 손을 떠난 것일까?

오 얼마나 휴식이 그리운지 몰라,
어떤 욕망에도 깨지 않고,
피곤한 눈을 감고 싶구나,
평온히 사랑에 덮혀!

아무것도 살피지 않고, 엿보지 않고
그저 가볍고 부드러운 꿈만 꾸면서
변하는 시대를 바라보지 않고
다시 한 번 아이가 되고 싶어라!

오, 돌아가는 길을 보여다오,
어린이 나라로 가는 사랑스러운 그 길을!
헛되이 행복을 찾아보지만,
사방은 황량한 바닷가일 뿐!

—

요하네스 브람스, op.63 Nr.8, 1874

Komm bald

Warum denn warten von Tag zu Tag?
Es blüht im Garten, was blühen mag.
Wer kommt und zählt es, was blüht so schön?
An Augen fehlt es, es anzusehen.

Die meinen wandern vom Strauch zum Baum;
Mir scheint, auch andern wär's wie ein Traum.
Und von den Lieben, die mir getreu und mir geblieben,
Wärst du dabei, wärst du dabei!

—

Johannes Brahms, op.97 Nr.5, 1884

어서 오게

도대체 왜 날마다 기다리는가?
정원엔 꽃들마다 만발하고 있는데.
누가 와서 아름답게 핀 꽃을 헤아리겠나?
그걸 바라보는 사람 없구나.

내 눈은 덤불과 나무들을 바라보는데,
나와 다른 사람에게도 마치 꿈만 같구나.
내게 충실한 사랑에도
그대 머물렀으면, 머물렀으면!

—

요하네스 브람스, op.97 Nr.5, 1884

헤르만 링

Hermann Lingg, 1820-1905

—

나의 잠은 고요해지고 Immer leiser wird mein Schlummer

헤르만 링

Hermann Lingg, 1820-1905

링은 린다우에서 공무원 집안의 아들로 태어났다. 그는 뮌헨에서 의학을 공부했지만 학교시절부터 이미 시를 쓰기 시작했다. 그러나 아버지의 반대로 링은 시인의 꿈을 접고 1846년 바이에른 군대의 군의관 조수가 된다. 자신의 신념과는 어긋나게 그는 군대가 반란을 진압하는 데에 참여했다가, 이 일로 인해 우울증에 빠지고, 정신병원에 입원하기도 한다.

1854년 링은 결혼을 하고 정신적으로 안정감을 되찾는다. 그의 시들이 사회적으로 인정받은 것도 그 이유였다. 이후 그는 뮌헨에서 작가로 활동하며 국제적인 명성을 얻게 된다. 가장 중요한 작품으로는 1846년에 시작하여 1866-68년 사이에 완성된 3권 분량의 운문 서사시 『민족 대이동Völkerwanderung』이 꼽힌다. 브람스와 한스 피츠너는 그의 시 「나의 잠은 점점 고요해지고Immer leiser wird mein Schlummer」에 각각 곡을 붙였다.

Immer leiser wird mein Schlummer

Immer leiser wird mein Schlummer,
Nur wie Schleier liegt mein Kummer
Zitternd über mir.
Oft im Traume hör ich dich
Rufen drauß vor meiner Tür,
Niemand wacht und öffnet dir,
Ich erwach und weine bitterlich.

Ja, ich werde sterben müssen,
Eine andre wirst du küssen,
Wenn ich bleich und kalt.
Eh die Maienlüfte wehn,
Eh die Drossel singt im Wald:
Willst du mich noch einmal sehn,
Komm, o komme bald!

—

Johannes Brahms, op.105 Nr.2, 1886
Hans Pfitzner, op.2 Nr.6, 1888/89

나의 잠은 점점 고요해지고

나의 잠은 점점 고요해지고
근심만이 떨면서 베일처럼
나를 덮고 있어요.
꿈 속에서 자주 들었지요,
당신이 문 밖에서 나를 부르는 소리를.
깨어서 문 열어주는 이 아무도 없으니
나 잠 깨어 비통하게 웁니다.

그래, 나 진정 죽고 말 거예요.
당신은 다른 여인에게 키스하겠지요,
오월 바람이 불어오기 전,
지빠귀가 숲에서 노래하기 전,
내 몸이 창백하게 식어버리면.
다시 한 번 내가 보고프면,
오세요, 오 속히 오세요!

—

요하네스 브람스, op.105 Nr.2, 1886
한스 피츠너, op.2 Nr.6, 1888/89

37

헤르만 알머스

Hermann Allmers, 1821-1902

—

들의 적막 Feldeinsamkeit

헤르만 알머스

Hermann Allmers, 1821-1902

알머스는 19세기 후반 향토애 운동을 주도한 한 사람이다. 니더작센주의 프리슬란트의 유복한 가정에서 태어난 그는 평생 생계유지를 위해 일할 필요는 없었다. 그는 1856년과 1859년 사이 스위스 및 북이탈리아로 여행했으며, 오랜 시간 로마에 체류하기도 한다. 독일로 귀향한 후 알머스는 울란트 L. Uhland, 가이벨 E. Geibel, 하이제 P. Heyse와 같은 당대의 선구적 인물들과 친분을 맺는다. 레흐텐플레트에 작가 화가 및 젊은 예술가들을 위해 작업실을 운영하던 그는 봅스베트 출신 화가들을 후원하기도 했으며 자연철학자 에른스트 헥켈과도 가깝게 지냈다.

로마체류의 문학적 기록으로 그는 『로마 방랑기 Römische Schlentage』를 펴낸다. 이탈리아에 대한 애착을 보여주는 일기형식의 이 책으로 그는 젊은 독자층과 만날 수 있었다. 영향력 면에서는 1858년에 출간된 『행진의 책 Marschenbuch』이 더 의미있다고 할 수 있다. 문학적인 면보다 문화사적인 면에서 더 가치 있는 이 작품은 지리, 역사, 언어 및 고향 북독일 농촌지역의 풍속을 그리고 있으며, 각 정보들은 때로 허구적인 텍스트와 결합되어 있기도 하다. 이 작품은 수많은 '향토소설'의 모범이 되었다. 알머스는 문학 언어로 간주되지 못했던 저지독일어로 많은 향토시를 지었다. 2류 작가인 여겨지고 있는 그는 저널리스트로서, 그리고 향토애운동의 예술보호자로 이름을 남겼고, 1901년, 하이델베르크 대학은 그에게 명예박사 학위를 수여했다. 브람스는 그의 시 「들의 적막 Feldeinsamkeit」을 작곡했다.

Feldeinsamkeit

Ich ruhe still im hohen grünen Gras
Und sende lange meinen Blick nach oben,
Von Grillen rings umschwirrt ohn Unterlaß,
Von Himmelsbläue wundersam umwoben.

Die schönen weißen Wolken ziehn dahin
Durchs tiefe Blau, wie schöne stille Träume;
Mir ist, als ob ich längst gestorben bin
Und ziehe seilig mit durch ewge Räume.

—

Johannes Brahms, op.70 Nr.4, 1875

들의 적막

나 고요히 높이 자란 풀밭에서 쉬며
오랫동안 하늘을 바라보고 있네.
귀뚜라미는 사방에서 끊임없이 울어대고
푸른 하늘빛이 경이롭게 에워싸네.

아름다운 흰 구름들이 흘러가네,
깊고 푸른 하늘을 지나, 아름답고 조용한 꿈처럼.
마치 나도 오래 전에 죽은 것 같이
복되게 영원의 공간을 통해 함께 흘러가네.

—

요하네스 브람스, op.70 Nr.4, 1875

펠릭스 슈만

Felix Schumann, 1854-1879

—

내 사랑은 초록빛 Meine Liebe ist grün

저녁바람이 라일락 주위를 스치고 Wenn um den Holunder der Abendwind kost

펠릭스 슈만

Felix Schumann, 1854-1879

펠릭스 슈만은 독일 작센주 츠비카우 태생의 피아니스트이자 작곡가인 로베르트 슈만과 피아니스트인 클라라의 막내아들이자, 브람스의 대자(代子)이다. 펠릭스 슈만은 폐결핵으로 25세라는 젊은 나이로 요절하게 된다. 그는 건강이 좋지 못했기 때문에 음악가가 되기를 포기하고, 시에 관심을 보이고 시를 쓰게 된다. 그의 나이 19세가 되는 해에, 클라라는 남편의 제자인 브람스에게 아들의 시 몇 편을 보낸다. 이 몇 편의 시 중에서 브람스는 두 편을 골라 곡을 붙였는데, 이 곡이 op.63인 '젊은 노래 I (내 사랑은 초록 빛)Junge Lieder I 과 젊은 노래 II (저녁바람이 라일락 주위를 스치고)Junge Lieder II'이다. 브람스는 이 가곡의 첫 부분을 자신의 스승인 로베르트 슈만의 '아름다운 낯선 곳Schöne Fremde'에서 인용하고 있다. 브람스는 이 곡을 1873년 크리스마스이브에 클라라에게 선사할 때, 펠릭스 슈만도 매우 기뻐하였다고 한다. '아름다운 낯선 곳'은 슈만이 1840년 독일의 낭만주의 시인인 요젭 폰 아이헨도르프의 동명의 시에 곡은 붙인 것으로, 12곡으로 이루어진 〈리더크라이스Liederkreis op.39〉의 여섯 번째 곡이다.

Meine Liebe ist grün

Meine Liebe ist grün wie der Fliederbusch,
Und meine Lieb ist schön wie die Sonne;
Die glänzt wohl herab auf den Fliederbusch
Und füllt ihn mit Duft und mit Wonne.

Meine Seele hat Schwingen der Nachtigall,
Und wiegt sich in blühendem Flieder,
Und jauchzet und singet vom Duft berauscht
Viel liebestrunkene Lieder.

—

Johannes Brahms, op.63 Nr.5, 1873

내 사랑은 초록빛

내 사랑은 라일락꽃 같은 초록빛,
내 사랑은 태양처럼 아름답다네.
태양은 라일락 덤불에 빛을 비추고
향기와 환희로 채워주네.

내 영혼은 나이팅게일의 날개를 가졌네.
만발한 라일락꽃들 속에서 맴돌면서,
꽃향기에 취하여 환호하고 노래하네
사랑에 도취된 숱한 노래를.

—
요하네스 브람스, op.63 Nr.5, 1873

Wenn um den Holunder der Abendwind kost

Wenn um den Holunder der Abendwind kost
Und der Falter um den Jasminenstrauch,
Dann kos' ich mit meinem Liebchen auch
Auf der Steinbank schattig und weich bemoost.

Und wenn vom Dorfe die Glocke erschallt
Und der Lerche jubelndes Abendgebet,
Dann schweigen wir auch, und die Seele zergeht
Vor der Liebe heiliger Gottesgewalt.

Und blickt dann vom Himmel der Sterne Schar
Und das Glühwürmchen in der Lilie Schoß,
Dann lasse ich sie aus den Armen los
Und küsse ihr scheidend das Augenpaar.

—

Johannes Brahms, op.63 Nr.6, 1874

저녁바람이 라일락 주위를 스치고

저녁바람이 라일락 주위를 스치고,
나비가 자스민 가지를 맴돌면,
부드럽게 이끼 낀 그늘진 돌의자 위에서
나도 내 사랑을 어루만지네.

마을에서 종소리 울리고,
환희에 찬 종달새의 저녁기도소리 들리면,
우리도 말없이, 마음은 성스러운
사랑의 하나님 권능으로 녹아내리네.

그리고 하늘의 많은 별들과,
백합 속의 개똥벌레를 바라보네.
나는 그녀를 놓아주며,
헤어지면서 그녀의 두 눈에 키스를 하네.

—

요하네스 브람스, op63 Nr.6, 1874

39

파울 하이제

Paul Heyse, 1830-1914

—

소녀의 노래 Mädchenlied

파울 하이제

Paul Heyse, 1830-1914

베를린의 부유한 가정에서 출생하여 베를린 대학에서 고전 철학을 공부하고 예술사로 전공을 바꾸어 학위를 했다. 24세에 가이벨의 추천으로 바이에른 왕 막시밀리안 2세의 부름을 받고 뮌헨으로 이주, 왕이 주관하는 '심포지움'에 규칙적으로 참가하게 된다. 1854년에는 가이벨 Geibel과 함께 보수적 시인그룹인 〈악어Krokodil〉을 조직하고 중심인물로 활약하였다. 그의 창작 영역은 시·소설·희곡 등 다양하다. 그는 특히 『라라비아타L'Arrabiata』(1855)를 비롯하여 『트레피의 소녀Das Mädchen von Treppi』(1855), 『안드레아 델핀Andrea Delfin』(1862) 등 이탈리아를 무대로 삼아 남국의 정열과 관능을 표현한 작품들로 유명하다. 그는 오만한 귀부인을 연모한 가난한 기사가 귀중한 매를 희생시킴으로써 그녀의 사랑을 획득할 수가 있었다는 『데카메론』의 이야기 하나를 근거로 하여, 단편소설에는 운명적으로 예기치 못한 전환점이 필요하다고 보는 '매의 이론'을 주창하기도 했다. 하이제는 후고 볼프가 작곡한 『스페인 가곡집Spanisches Liederbuch』과 『이탈리아 가곡집Italienisches Liederbuch』의 텍스트를 독일어로 구성한 장본인이기도 하다(『스페인 가곡집』은 가이벨과 공동작업). 1910년 독일인으로는 최초로 노벨 문학상을 받았다. 브람스는 그의 시 「소녀의 노래Mädchen」를 작곡했다.

Mädchenlied

Auf die Nacht in der Spinnstub'n da singen die Mädchen
da lachen die Dorfbub'n, wie flink geh'n Rädchen!

Kein Mensch, der mir gut ist, will nach mir fragen;
Wie bang mir zu Mut ist, wem soll ich's klagen?

Die Tränen rinnen mir über's Gesicht -
wofür soll ich spinnen? Ich weiß es nicht!

—

Johannes Brahms, op.107 Nr.5, 1886

소녀의 노래

깊은 밤 물레질하는 방에서 처녀들이 노래하는데
마을 총각들은 웃는구나, 물레바퀴가 저렇게 빠르다니!

나에게 다정하게 물어보는 사람 하나 없네
내 그토록 불안해하니, 누구에게 하소연하랴?

눈물은 내 얼굴로 흘러내리네.
내가 무엇 때문에 물레질 하나? 나도 알 수 없네!

—

요하네스 브람스, op.107 Nr.5, 1886

40

데틀레프 폰 릴리엔크론

Detlev von Liliencron, 1844-1909

—

묘지에서 Auf dem Kirchhofe

행복에 겨워 Glückes genug

데틀레프 폰 릴리엔크론

Detlev von Liliencron, 1844-1909

릴리엔크론은 영락한 귀족가문에서 태어났다. 아버지는 덴마크의 세관공무원이었다. 김나지움 교양과정을 중단하고, 베를린의 소년사관후보학교를 졸업하였다. 1866년과 1870/71년 전쟁에 참가하여 훈장을 받는다. 그렇지만 중대장의 위치에서 1875년 노름빚 때문에 직위를 박탈당한다. 새로운 군사적인 인생항로에 대한 희망 때문에 그는 미국으로 건너간다. 거기서도 별로 운이 따르지 않아 어학선생, 피아니스트, 마술교관, 화가로 일하게 된다. 함부르크로 되돌아올 때, 그는 새로운 세계에 대해 반감을 갖게 된다.

1878년 어렸을 때부터 사랑했던 보텐하우젠과 결혼하였으나, 1885년 헤어졌다. 항상 불안한 재정적인 곤궁의 시기가 뮌헨에서 계속된다. 릴리엔크론은 농부의 딸인 안나 미하엘과 세 번째 결혼에서야 비로소 마지막 10년간의 가정적인 행복을 맛본다. 1900년 이후로 자신이 알려지게 되자, 빌헬름 2세로부터 연금을 받게 되고, 킬 대학에서 명예박사 학위를 받는다.

자연주의적이고 상징적 경향을 보이고 있는 릴리엔크론의 작품은 문학사의 어느 사조에도 속해 있지 않다. 거의 40세에 출간한 첫 시집 『부관의 승마와 다른 시들』에서 그는 미래를 가리키는 표현 가능성의 선구자적 모습을 보인다. 자연과 사랑, 죽음과 운명, 꿈과 환상의 범주 안에서 스스로 경험한 것을 묘사하는 그의 시는 직접적으로 자연적인 것 그리고 감정에 충실한 점이 특징이다. 그는 음악적이고 운율이 풍부한 언어를 사용하는데, 일상어의 세련되지 못한 특성을 이용하여 강제적인 형식과 자유로운 형상화를 동시에 나타내고 있다. 「4두 마차」, 「여름날의 마을 교회」, 「가을」, 「손등에의 키스」,

「2마일의 총총걸음」등과 같은 시에서 보이는 자유로움으로 인해 그는 자연주의자들의 우상이 되었다.

릴리엔크론은 살아있는 동안 계속적으로 무비판적으로 과대평가를 받으며 수용되어 왔으나, 1918년 이후 군주국체제의 보수주의자인 그의 작품은 시대에 맞지 않는 것으로 평가된다. 그러나 현대 문학의 생성기에 촉매작용을 한 그의 중요성만큼은 인정받고 있다. 릴케나 게오르게도 한때 그의 영향을 받았다.

브람스는 「묘지에서Auf dem Kirchhofe」에, 리하르트 슈트라우스는 「행복에 겨워Glückes genug」, 「너를 사랑해Ich liebe dich」, 「동경Sehnsucht」, 「경박한 형제Bruder liederlich」 등의 그의 시에 곡을 붙였다.

Auf dem Kirchhofe

Der Tag ging regenschwer und sturmbewegt,
Ich war an manch vergeßnem Grab gewesen,
Verwittert Stein und Kreuz, die Kränze alt,
Die Namen überwachsen, kaum zu lesen.

Der Tag ging sturmbewegt und regenschwer,
Auf allen Gräbern fror das Wort: Gewesen.
Wie sturmestot die Särge schlummerten,
Auf allen Gräbern taute still: Genesen.

—

Johannes Brahms, op.105 Nr.4, 1886

묘지에서

거센 비 내리고 폭풍 몰아치던 날
나는 잊혀진 무덤들 가에 있었네.
풍화된 묘석과 십자가, 말라붙은 화환,
이끼에 덮여 이름은 읽을 수 없었네.

폭풍 몰아치고 거센 비 내리던 날
모든 무덤 위에 얼어붙은 글씨, '살았다'.
폭풍에 죽은 듯 관들은 잠들어 있는데
모든 무덤 위에 조용히 녹는 글씨, '구원받았다'.

—

요하네스 브람스, op.105 Nr.4, 1886

Glückes genug

Wenn sanft du mir im Arme schliefst,
Ich deinen Atem hören konnte,
Im Traum du meinen Namen riefst,
Um deinen Mund ein Lächeln sonnte -
Glückes genug.

Und wenn nach heißem, ernstem Tag
Du mir verscheuchtest schwere Sorgen,
Wenn ich an deinem Herzen lag
Und nicht mehr dachte an ein Morgen -
Glückes genug.

—

Richard Strauss, op.37 Nr.1, 1896-98

행복에 겨워

네가 내 팔에서 정겹게 잠들면,
내 너의 숨소리 들을 수 있으면,
꿈 속에서 네가 내 이름 부르면,
너의 입가엔 웃음이 보이지,
행복에 겨워.

무덥고 심각한 날이 지나
네가 나의 무거운 근심을 몰아내면,
내 너의 가슴에 누우면,
내일에 대한 걱정을 생각하지 않지.
행복에 겨워.

—
리하르트 슈트라우스, op.37 Nr.1, 1896–98

41

하인리히 하르트

Heinrich Hart, 1855-1906

—

체칠리에 Cäcilie

하인리히 하르트

Heinrich Hart, 1855-1906

작가인 하르트는 저널리스트인 동생 율리우스Julius와의 공동작업을 한 것으로 잘 알려져 있다. 율리우스와 함께 발간한 문학잡지 『비평 전투Kritische Waffengänge』의 성공으로 하르트는 자연주의의 개척자 중 한 사람이 되었다. 하르트 형제는 문학서클 〈통과Durch〉의 회원으로 활동하기도 했다. 베를린에서 하르트는 연극 비평가로도 활약했다. 그가 24권으로 계획한 대작 서사시 『인류의 노래Das Lied der Menschheit』는 「툴과 나힐라Tul und Nahila」, 「님로드Nimrod」, 「모세Mose」의 3부만 남기고 완성을 보지는 못한다. 시인으로서 하르트는 열정적인 일원론자였다. 그는 또 번역가이며 편집자이기도 했다. 슈트라우스는 그의 시 「체칠리에Cäcilie」에 곡을 붙였다.

Cäcilie

Wenn du es wüßtest,
Was träumen heißt von brennenden Küssen,
Von Wandern und Ruhen mit der Geliebten,
Aug in Auge,
Und kosend und plaudernd,
Wenn du es wüßtest,
Du neigtest dein Herz!

Wenn du es wüßtest,
Was bangen heißt in einsamen Nächten,
Umschauert vom Sturm, da niemand tröstet
Milden Mundes die kampfmüde Seele,
Wenn du es wüßtest,
Du kämest zu mir.

Wenn du es wüßtest,
Was leben heißt, umhaucht von der Gottheit
Weltschaffendem Atem,
Zu schweben empor, lichtgetragen,
Zu seligen Höhn,
Wenn du es wüßtest,
Du lebtest mit mir!

—

Richart Strauss, op.27 Nr.2, 1893/94

체칠리에

네가 안다면,
불타는 입맞춤을 꿈꾸는 게 무엇인지,
사랑하는 사람과 함께 걷다가 쉬며,
눈과 눈을 맞추고,
어루만지며 속삭이는 꿈을,
그런 것을 네가 안다면,
너는 네 마음을 기울이겠지!

네가 안다면,
외로운 밤의 불안이 무엇인지,
주위는 폭풍으로 떠는데, 부드러운 입술로
싸움에 지친 마음을 위로해 줄 이도 없는 밤을,
그런 것을 네가 안다면,
너는 나에게 오겠지!

네가 안다면,
사는 게 뭔지, 세계를 창조하는
신의 숨결에 휩싸여,
날아오르며, 빛에 이끌려
행복의 정상을 향하는 삶을,
그런 것을 네가 안다면,
너는 나와 함께 살겠지!

—

리하르트 슈트라우스, op.27 Nr.2, 1893/94

42

리하르트 데멜

Richard Dehmel, 1863-1920

—

리하르트 데멜

Richard Dehmel, 1863-1920

산림 감독의 아들로 태어난 데멜은 자연과 함께 보낸 경험들을 자연과학적인 관심으로 돌렸으며 학교에서 금지했던 다윈의 학설에 심취한다. 베를린과 라이프치히에서 철학과 자연과학을 공부한 그는 1887년 박사학위를 받는다. 보험회사의 비서로 재직하면서 시를 썼으며, 친구 프란츠의 여동생 파울라 오펜하이머에 대한 열렬한 사랑을 경험하고, 1889년에는 그녀와 결혼한다. 1891년 그는 첫 시집 『속죄. 시와 금언들 속을 떠도는 영혼Erlösungen. Eine Seelenwanderung in Gedichten und Sprüchen』을 출간한다. 뒤이어 1893년에는 그를 널리 알리게 된 시 모음집 『그러나 사랑은Aber die Liebe』을 펴낸다. 직업과 글쓰기에 대한 요구 사이의 긴장감을 견디지 못하던 그는 1893년 친구 릴리엔크론이 있는 함부르크로 떠난다. 1895년에서야 그는 자유로운 문필가로서의 삶을 결심한다. 1895년 그리스 신화의 목양신 이름인 『판Pan』이라는 예술잡지의 창간과 함께 그는 동시대 문학과 예술의 선두의 물결에 발을 내민다. 1903년에 출간된 『두 사람. 로맨스 안의 소설Zwei Menschen. Roman in Romanzen』은 열정적인 사랑, 시민윤리의 훼손에 대한 논의, 다른 이의 강압적인 모욕과 거기에 대한 문학적 반격의 타당성 등을 다루고 있다.

시집 『아내와 세계Weib und Welt』에 실린 시 「비너스를 위로하며Venus Cosolatrixe」에 나타난 종교와 풍습에 대한 모욕은 데멜을 유명하게 만든다. 서정시인으로서의 그의 명성은, 자신의 첫 작품을 그에게 보이며 충고를 바라는 젊은 인재들의 편지들이 실린 『게르마니아의 교정자』로 인해 극에 달한다. 이들 중에는 릴케, 호프만슈탈, 토마스 만, 헤세 등의 작가들도 있었다. 그는 1919년까지 전시지원병에 소집되어 서부전선에 투입되기도 한다.

데멜의 시는 사랑, 예술, 미래, 시간, 세계 등을 포괄하지만 일상적인 것을 문제삼는 함축적인 표현에 대해 심사숙고하지 못했다. 데멜은 기력이 다할 때까지 끊임없이 에로스, 미, 예술에 대해 시를 쓰면서 문학적 '유겐트 양식'의 기념비를 세웠으며, 『두 사람Zwei Menschen』은 이 양식의 대표적 작품이 된다. 이성의 사랑은 미학적으로 승화되어 삶의 축제, 종교의 대체물이 된다. 진부한 내용에 대해서도 철저한 이런 양식은 오늘날 뜻하지 않게 웃음을 자아내기도 한다. 이렇게 삶을 미학적으로 장식하는데 있어 데멜은 니체를 따르면서도 그 사회적 태도에 있어서는 전혀 다른 입장을 취하고 있다.

「자장가Wiegenlied」, 「조용한 발걸음Stiller Gang」, 「숲의 축복Waldseligkeit」, 「나직한 노래Leises Lied」등과 같은 그의 시를 리하르트 슈트라우스가 작곡했다.

Wiegenlied

Träume, träume, du mein süßes Leben,
Von dem Himmel, der die Blumen bringt.
Blüten schimmern da, die leben
Von dem Lied, das deine Mutter singt.

Träume, träume, Knospe meiner Sorgen,
Von dem Tage, da die Blume sproß;
Von dem hellen Blütenmorgen,
Da dein Seelchen sich der Welt erschloß.

Träume, träume, Blüte meiner Liebe,
Von der stillen, von der heilgen Nacht,
Da die Blume seiner Liebe
Diese Welt zum Himmel mir gemacht.

—

Richard Strauss, op.41 Nr.1, 1899 | Max Reger, op.51 Nr.3, 1900 | Hans Pfitzner, op.29 Nr.4, 1922

자장가

꿈꾸어라, 꿈꾸어라, 귀여운 나의 생명아,
꽃들을 보내주는 천국을.
그곳에서 빛나는 꽃들은
엄마의 노래를 먹고 산단다.

꿈꾸어라, 꿈꾸어라, 내 근심의 봉오리야,
꽃이 피는 그 날을,
환한 꽃의 아침을 꿈꾸어라
네 마음이 세상을 보았던 때를.

꿈꾸어라, 꿈꾸어라, 내 사랑의 꽃아,
고요한 밤, 거룩한 밤을,
그 사랑의 꽃이 이 세상을
나의 천국으로 만들어 준 때를.

—

리하르트 슈트라우스, op.41 Nr.1, 1899 | 막스 레거, op.51 Nr.3, 1900 | 한스 피츠너, op.29 Nr.4, 1922

Stiller Gang

Der Abend graut, Herbstfeuer brennen.
Über den Stoppeln geht der Rauch entzwei.
Kaum ist mein Weg noch zu erkennen.
Bald kommt die Nacht; ich muß mich trennen.
Ein Käfer surrt an meinem Ohr vorbei.

—

Richard Strauss, op.31 Nr.4, 1895/96

조용한 발걸음

땅거미가 지네, 가을걷이 불이 타고 있네.
그루터기 위로 연기가 흩날리며.
나의 길을 찾기 힘드네.
곧 밤이 오는데. 나 떠나야 하리.
딱정벌레 한 마리 내 귓가에 스쳐가네.

—
리하르트 슈트라우스, op.31 Nr.4, 1895/96

43

칼 헨켈

Karl Henckell, 1864-1929

—

쉬거라, 내 영혼아 Ruhe, meine Seele

겨울 봉헌 Winterweihe

칼 헨켈

Karl Henckell, 1864-1929

헨켈은 하노버의 교양 있는 시민의 집안에서 태어났다. 그의 집안은 종교적으로 프로테스탄트였고 또 부모는 민족주의를 신봉했다. 카셀에서 공부를 한 뒤, 그는 베를린, 뮌헨, 하이델베르크 등에서 특히 철학을 집중적으로 공부한다. 이 시기에 그는 무비판적인 민족주의의 옹호자로부터 사회주의자로 전향하게 된다. 그러나 그는 사회문제의 해결을 위해 투쟁하는 실천자로서의 사회주의자는 아니고, 다만 당시 존재했던 자연주의 문학사조의 아방가르드 운동에 밀접히 연계된 사회주의자였다.

그의 초기 시는 사회주의적 정조로 넘쳐 있어, 당시 비스마르크가 취했던 사회주의 탄압법에 의해 판매가 금지되기도 했고, 또 그 때문에 유명해지기도 했다. 결국 그는 스위스로 망명했다가 20세기가 되어서야 독일로 돌아올 수 있게 된다. 그는 1902년 베를린, 1908년 뮌헨에서 자유 전업 작가로서 활동한다. 이 시기 동안 점점 헨켈은 자신의 사회주의적이고 정치적인 테마로부터 벗어나게 된다. 그는 이것을 "계급시"로부터 "인류에 대한 시"로의 발전적 지향으로 생각했다. 그리고 이 결과로 나타난 것이 『새로운 삶Neues Leben』, 『꼭대기와 바닥Gipfel und Gründe』, 『동요(動搖)Schwingungen』 같은 시집들이다.

한편 일차 세계대전과 그 후의 평화질서는 헨켈에게 절망과 환멸을 가져다준다. 그는 이러한 역사적 사건을 통해 미학적 이상주의의 국제적 연대가 허상이었음을 깨닫는다. 사회주의적 형제애에 대한 환멸로 인해 내면에 상처를 입은 그는 정치를 떠나 문학적 침묵의 단계로 접어들게 된다. 결국 헨켈의 발전과정은 진보적 성향의 부르주아지들이 겪어야 했던 딜레마를 단적으로 보여주는 것이다. 그들은 급진적 어조로 마르크스주의의 반정부적인 혁명이념을 표현했으나, 경제적 현실에 무지했고 또 철저한 사회 전복의 기도 앞에서는 주저하거나, 한 걸음 뒤로 빼고 있는 실정이었다. 헨켈은 그 자신을 노동자 계급에 봉사하는 "노동자 시인"이라고 정의한 바 있다. 그러나 노동자의 실제 삶은 그에게 낯선 것이었고, 아울러 그의 노동자에 대한 견해도 19세기 부르주아들이 미학적 입장에서 노동운동을 바라보았던 그 방식 그대로의 낡은 시각에 지나지 않은 것이다.

그러나 헨켈의 시는 표현주의 세대에게 큰 영향을 끼친다. 표현주의 세대들은 헨켈을 자신들의 중요한 선구자로 간주했다. 곧 인간성에 대한 파토스를 담고 있던 그의 시들에는 이들 세대를 마련하고 자극하는 측면이 있었던 것이다.

리하르트 슈트라우스가 그의 시 「쉬거라, 내 영혼아Ruhe, meine Seele」, 「겨울 봉헌Winterweihe」, 「내 사랑을 지고 가네Ich trage meine Minne」, 「맹인의 탄식Blindenklage」 등을 작곡했다.

Ruhe, meine Seele

Nicht ein Lüftchen regt sich leise,
Sanft entschlummert ruht der Hain;
Durch der Blätter dunkle Hülle
Stiehlt sich lichter Sonnenschein.

Ruhe, ruhe, meine Seele,
Deine Stürme gingen wild,
Hast getobt und hast gezittert,
Wie die Brandung, wenn sie schwillt.

Diese Zeiten sind gewaltig,
Bringen Herz und Hirn in Not -
Ruhe, ruhe, meine Seele,
Und vergiß, was dich bedroht!

—

Richard Strauss, op.27 Nr.1, 1893/94

쉬어라, 내 영혼아

바람 한 점 나직이 일지 않고
숲은 고요히 잠들어 쉬네.
잎새들로 뒤덮힌 어두움 사이로
옅은 햇살이 살며시 비치네.

쉬어라, 쉬어라, 내 영혼아,
너의 폭풍은 사나웠지.
몰아치는 파도처럼
떨면서 미쳐 날뛰었지.

이 시대는 폭력적으로
마음과 생각을 곤경에 빠트리구나.
쉬어라, 쉬어라, 내 영혼아,
너를 위협하는 것을 잊으려므나!

—

리하르트 슈트라우스, op.27 Nr.1, 1893/94

Winterweihe

In diesem Wintertagen,
Nun sich das Licht verhüllt,
Laß uns im Herzen tragen,
Einander traulich sagen,
Was uns mit innerm Lichterfüllt.

Was milde Glut entzündet,
Soll brennen fort und fort,
Was Seelen zart verbündet,
Und Geisterbrücken gründet,
Sei unser leises Losungswort.

Das Rad der Zeit mag rollen,
Wir greifen kaum hinein,
Dem Schein der Welt verschollen,
Auf unserm Eiland wollen
Wir Tag und Nacht der sel'gen Liebe weih'n.

—

Arnold Schönberg op.14 Nr.2, 1908 | Richard Strauss, op.48 Nr.4, 1900

겨울 봉헌

이 겨울 날
이제 불빛이 가려지니,
가슴 속에 간직하여,
서로 은밀히 이야기하자.
마음 속 빛으로 우리를 채우는 것을.

온화한 불길이 달아올라,
계속 번져 나가야 하니,
마음을 은근히 엮어서,
정신의 가교를 놓는 것이
우리의 나직한 구호이니.

시간의 바퀴가 구를지라도,
우리는 붙잡을 수 없으니.
세계의 허상에 실종된 채,
우리는 우리의 섬에서
황홀한 사랑의 나날을 축복하리.

—
아놀트 쇤베르크, op.14 Nr.2, 1908 | 리하르트 슈트라우스, op.48 Nr.4, 1900

존 헨리 멕케이

John Henry Mackay, 1864-1933

—

내일 Morgen

존 헨리 멕케이

John Henry Mackay, 1864-1933

스코트랜드 보험회사 중개인인 아버지가 죽은 뒤 멕케이는 독일에서 자랐다. 그는 베를린에서 철학, 예술사, 문학사를 공부했다. 그의 단편소설 모음집인 『그림자』와 『현대적 소재』는 자연주의 소설 형식에 영향을 끼쳤다. 사회주의자 탄압법 때문에 그의 사회적인 시들은 출판이 금지되기도 한다. 혁명적 격정으로 가득 찬 시집 『폭풍Strom』은 문학사조로서의 〈3월 혁명 이전〉의 시들과 연관성을 맺고 있다. 멕케이의 시들은 세계관 비장감뿐 아니라 디오니소스적 도취의 음조를 띠고 있다. 그의 시는 특히 리하르트 슈트라우스Richard Strauss에 의해 가곡집 op.27과 op.32로 작곡된다. 멕케이의 시 「내일Morgen」과 「은밀한 요구Heimliche Aufforderung」은 op.27의 세 번째와 네 번째에 속하는 곡이다.

런던에 체류하던 시절에 그는 무정부주의자인 막스 슈티르너의 영향을 강하게 받아, 슈티르너 전기도 발간했다. 통속성, 죽음, 매커니즘을 반대한 이방인인 그를 위해서 1974년 프라이부르그에서는 멕케이 협회가 설립되었다.

Morgen

Und morgen wird die Sonne wieder scheinen
Und auf dem Wege, den ich gehen werde,
Wird uns, die Glücklichen, sie wieder einen
Inmitten dieser sonnenatmenden Erde...

Und zu dem Strand, dem weiten, wogenblauen,
Werden wir still und langsam niedersteigen,
Stumm werden wir uns in die Augen schauen,
Und auf uns sinkt des Glückes stummes Schweigen...

—

Richard Strauss, op.27 Nr.4, 1893/94 | Max Reger, op.66 Nr.10, 1902

내일

그리고 내일 태양은 다시 빛나리라,
내가 걸어가게 될 길 위에서
태양은 행복한 우리를 하나되게 되리라,
태양을 숨 쉬는 이 대지의 한가운데서…

푸른 파도 드넓게 일렁이는 저 넓은 해안으로
우리는 조용히 천천히 내려가리라,
우리가 말없이 서로의 눈을 들여다 볼 때
행복의 고요한 침묵이 우리들 위로 내려오리라…

—

리하르트 슈트라우스, op.27 Nr.4, 1893/94 | 막스 레거, op.66 Nr.10, 1902

찾아보기

첫 행으로 찾아보기 • 원문

첫 행으로 찾아보기 • 한글

피종호　서울대학교 독문학과를 졸업하고 독일 쾰른대학교 철학부 독문학과에서 박사학위를 받았다. 위스콘신대학교(매디슨) 객원교수, 독일 바이로이트대학 DAAD 초청교수, 한양대학교 인문학연구소 및 미디어문화연구소 소장, 한국카프카학회 회장, 한국미디어문화학회 회장을 역임했으며 현재 한양대학교 학술정보관장, 한양대학교 독문학과 및 대학원 대중문화/시나리오 협동과정 교수, 한국독일어문학회 회장, 사립대학도서관협의회 회장을 맡고 있다. 저서로 『영상문화시대에 따른 인문학적 대응전략으로서의 이미지 연구』(공저) 『유럽영화예술』(공저) 『몸의 위기』(공저) 『해체미학』(대한민국학술원 우수학술도서) 『디지털미디어와 예술의 확장』(공저/문화체육관광부 우수교양도서) 『모더니즘의 영화미학』 『영화와 탈신화』(공저) 『문학의 탈경계와 상호예술성』(공저/문화체육관광부 우수학술도서) 『포스트모더니즘 영화미학』 『동독 영화—생성과 붕괴, 그리고 영향사』 등이 있고, 역서로 『시몬 마샤르의 환상』 『릴케 산문집』 『헤세의 이야기꾼』 『헤세의 환상단편집』 등이 있으며, 논문으로 「아도르노의 영화비판」 「크라카우어의 영화미학」 「벤야민의 매체이론」 「예술형식의 상호매체성」 「니체의 신화와 예술이미지」 「후기구조주의의 웃음미학」 「파스빈더의 영화와 혼합된 매체현실」 「다다이즘의 추상적 해체예술의 이미지」 「영화의 디스포지티브와 자기반영성」 「디지털문학의 유형」 「사이버네틱스, 사이보그, 사이버페미니즘」 「사이보그영화와 포스트모더니즘」 「다큐멘터리 영화의 리얼리즘과 허구성」 「카프카의 『성』과 미하엘 하네케의 포스트모더니즘 영화 〈성〉」 「콘라트 볼프와 멜로드라마 형식의 반파시즘 영화」 「연극 형식과 색채 드라마투르기—피터 그리너웨이의 바로크 포스트모더니즘 영화」 「플라톤의 이미지이론과 가시성」 「무의식 속의 욕망과 좌절의 변증법—라캉의 주체이론」 외 다수가 있다.

독일 시와 가곡 1 — 프리드리히 G. 클롭슈톡에서 존 H. 멕케이까지의 시가곡

펴낸날 2016년 8월 30일 초판 1쇄
지은이 피종호 ● **펴낸이** 이영무
펴낸곳 사곰 ● **출판등록** 제4-7호(1972.2.29) ● **인쇄** 현문
주소 서울 성동구 왕십리로 222 ● **전화** 02.2220.1432-4 ● **팩스** 02.2220.1435
홈페이지 press.hanyang.ac.kr ● **이메일** presshy@hanyang.ac.kr

사곰은 '새김[刻]'과 '해석[釋]'을 뜻하는 중세 국어 '사곰'을 변형하여
한양대학교출판부가 만든 출판 브랜드입니다.

ISBN 978.89.7218.497.3 (94850)
978.89.7218.496.6 [세트]